C.H.BECK ■ WISSEN
in der Beck'schen Reihe

Kaum eine deutsche Herrschergestalt ist so von Legenden umrankt wie der bayerische König Ludwig II.; so fällt es historisch interessierten Leserinnen und Lesern nicht leicht, ein zuverlässiges Bild von diesem Herrscher zu gewinnen. Hermann Rumschöttel bietet jedoch in seiner kurz gefassten, prägnanten Biographie Ludwigs II. einen klaren Überblick über Lebensweg, Politik und Persönlichkeit des Monarchen, ordnet ihn in seine Zeit ein und erhellt seine Stellung in dem ihn umgebenden innen- wie außenpolitischen Machtgeflecht. Besonderes Gewicht legt er auf Ludwigs Beziehungen zum Deutschen Reich und dem Reichskanzler Bismarck, auf seine Verehrung Wagners und auf seine Baupolitik. Aber der Autor umgeht auch nicht die Fragen nach den erotischen Präferenzen Ludwigs II., nach der verschwimmenden Grenze zwischen Exzentrik und Krankheit in seinem Auftreten und nach dem ebenso tragischen wie rätselhaften Ende des Königs. Ein Ausblick auf das reiche Nachleben Ludwigs II. beschließt den informativen und spannend zu lesenden Band.

Hermann Rumschöttel war von 1997 bis zu seiner Pensionierung im Jahr 2008 Generaldirektor der Staatlichen Archive Bayerns; er ist Zweiter Vorsitzender der Kommission für bayerische Landesgeschichte bei der Bayerischen Akademie der Wissenschaften und Honorarprofessor an der Universität der Bundeswehr München. Er ist einer der profiliertesten Kenner der bayerischen Geschichte des 19. und 20. Jahrhunderts und hat ein umfangreiches Œuvre auf diesem Themenfeld vorgelegt.

Hermann Rumschöttel

LUDWIG II. VON BAYERN

Verlag C.H.Beck

Mit 23 Abbildungen

Originalausgabe
© Verlag C.H.Beck oHG, München 2011
Satz: Fotosatz Amann, Aichstetten
Druck u. Bindung: Druckerei C.H.Beck, Nördlingen
Umschlagabbildung: Ludwig II., kolorierter Lichtdruck
nach einem Foto um 1870 von Hanfstaengl, München,
© akg-images, Berlin
Umschlagentwurf: Uwe Göbel, München
Printed in Germany
ISBN: 978 3 406 61216 9

www.beck.de

Inhalt

1. Die Herausforderung   7
2. Ein frühes Persönlichkeitsbild   14
3. Kindheit und Jugend: Erbprinz und Kronprinz   20
4. Ludwigs Königreich: Das Land und seine Verfassung   27
5. Herrschaftsverständnis und Regierungsstil   33
6. Reformgesetzgebung und soziale Frage   43
7. Deutsche Frage und Deutscher Krieg   49
8. Ein Staatenbund zur Rettung Bayerns?   56
9. Die Gründung des Deutschen Reichs 1870 und 1871   59
10. Bismarck, die Hohenzollern und das Deutsche Reich   69
11. Politik in Bayern nach der Reichsgründung   75
12. Der König und die Kunst: Richard Wagner   80
13. Die andere Wirklichkeit: Gebaute Träume   87
14. Ein Mensch mit Körper, Geist und Seele   95
15. Entmachtung und Tod   104
16. Erinnerung, Verklärung, Kitsch und Kult   114

Zeittafel   117
Genealogische Übersicht   122
Literatur, Hinweise und Dank   123
Bildnachweis   125
Namenregister   126

Abb. 1: König Ludwig II. in großer Generalsuniform mit Band und Kette des Hubertusordens, um 1880 (Foto Josef Albert).

I. Die Herausforderung

Die Familie, in die Ludwig als Sohn des Kronprinzen und späterer Thronfolger am 25. August 1845 hineingeboren wird, das Haus Wittelsbach, regiert Bayern seit dem Jahr 1180. Die beiden Hauptlinien dieses europaweit verzweigten Herrschergeschlechts sind zwar seit 1777 wieder vereint, nachdem die pfälzische Linie das Erbe der ausgestorbenen altbayerischen Wittelsbacher angetreten hatte. Aber der kurpfalz-bayerische Gesamtstaat erlebt durch die politischen Erschütterungen und territorialen Verschiebungen im Gefolge der Französischen Revolution (1789) so tief greifende Veränderungen, dass sich die bayerischen Herrscher seit Beginn des 19. Jahrhunderts vor der Aufgabe sehen, einen neuen Staat, ein «Neues Bayern» zu schaffen. Vom 1. Januar 1806 an können sie das als Könige tun, denn als Bündnispartner des französischen Kaisers Napoleon war das Kurfürstentum zum Königreich erhoben worden.

Das Staatsgebiet Bayerns ist zwischen 1799 und 1817 um 25% oder 15 000 qkm gewachsen, die Bevölkerungszahl steigt im gleichen Zeitraum von 1,9 auf 3,7 Millionen. Die altbayerischen Gebiete Ober- und Niederbayerns sowie der Oberpfalz bilden nun zusammen mit den neubayerischen Territorien in Schwaben, Franken und der Rheinpfalz ein Staatswesen, in das die Teile ihre unterschiedliche geschichtliche Entwicklung und die stark differierenden gesellschaftlichen und politischen Strukturen einbringen. Bayern ist zu Beginn des 19. Jahrhunderts wenig mehr als die Summe seiner Teile, ein heterogenes Gemeinwesen ohne innere Bindungskraft, zusammengehalten vor allem durch den Herrscher und die königliche Familie, das Haus Wittelsbach.

Ludwigs Urgroßvater, zunächst Kurfürst und dann König Max I. Joseph (1799–1825) sichert in der napoleonischen Umbruchzeit Bayerns Existenz und macht es zu einem großen deut-

schen Mittelstaat zwischen Österreich und Preußen. Das Ziel
der politischen Aktivitäten, deren Fäden bei Maximilian Freiherrn (ab 1809 Graf) von Montgelas, dem leitenden Minister, zu-
sammenlaufen, ist ein homogener, integrierter und moderner
Staat mit innerer und äußerer Souveränität, ein Königreich mit
zeitgemäßer Verfassung. Der bemerkenswert erfolgreiche Weg
zu dieser konstitutionellen Monarchie führt in Bayern vom aufgeklärten Absolutismus zunächst hinein in einen von Beamten
getragenen, die Modernisierung oft rücksichtslos betreibenden
Staats- oder Verwaltungsabsolutismus. Erst nach dem Sturz des
«aufgeklärten Despoten» Montgelas (1817) eröffnet der König
mit der Verfassungsurkunde von 1818, insbesondere durch die
neuen parlamentarischen Körperschaften, Teilen der Gesellschaft politische Mitwirkungsmöglichkeiten.

Im Zeitalter von Max I. Joseph erhält das Neue Bayern stabilisierende Konturen, die bis heute erkennbar geblieben sind. Bei
seinem Tod darf man die äußere Staatsgründung als abgeschlossen betrachten. Freilich: Die neue Verfassung beschränkt die
Allmacht des Monarchen dadurch entscheidend, dass sie ihm in
der staatlichen Gesamtstruktur eine zwar herausgehobene, aber
doch nicht grenzenlose Machtposition und Rolle zuweist. In
konstitutioneller Beschränkung muss sich von nun an die Meis-
terschaft eines Herrschers bewähren und beweisen.

Ludwigs Großvater, dem am gleichen Augusttag wie sein Enkel geborenen König Ludwig I. (1825–1848), geht es vor allem
um die innere Staatsgründung. Er will mit seiner Integrations-
politik die Köpfe und die Gefühle der Menschen erreichen und
die vielfach auf Zurückhaltung oder Widerstand stoßenden rationalen staatlichen Strukturen menschlicher gestalten. Tradition und Geschichte sollen ebenso einen Beitrag zu einem bayerischen Identitäts- und Staatsgefühl leisten wie der Glanz der
Kunst oder das stolze Erscheinungsbild der Haupt- und Residenzstadt München. Seine von einem starken monarchischen
Selbstbewusstsein getragene patriarchalische, ja geradezu abso-
lutistische Art zu herrschen, zu regieren, zu verwalten und zu
kontrollieren, verschärft die politischen Konflikte des Vormärz,
die in die revolutionären Vorgänge des Jahres 1848 münden.

Abb. 2: König Maximilian II. von Bayern mit Königin Marie und den Söhnen Ludwig und Otto im Schlossgarten zu Hohenschwangau, 1850.

Auf sie reagiert Ludwig I. mit seinem Rücktritt. Dennoch ist nicht zu übersehen, dass sich in seiner Regierungszeit der innere Zusammenhalt des Königreichs Bayern deutlich verfestigt hat. Wenn er in seinem Thronverzicht am 20. März 1848 formuliert, «eine neue Richtung hat begonnen, eine andere als die in der Verfassungsurkunde enthaltene», so ist das freilich falsch. Was ihn zum Rücktritt veranlasst, ist der Konflikt zwischen Verfassungsrecht und Verfassungswirklichkeit auf der einen und seiner absolutistischen Vorstellung von der Stellung des Monarchen andererseits. Von hier aus führt eine direkte Linie zu seinem Enkel Ludwig II.

Dessen Vater, König Maximilian II. (1848–1864), stellt die wirtschaftlichen, sozialen und außenpolitischen Zukunftsperspektiven Bayerns in den Mittelpunkt seines politischen Handelns. Am Anfang steht eine breite Reformgesetzgebung als Reaktion auf die Revolution von 1848. Agrarreform und Bauernbefreiung, zu Beginn des Jahrhunderts eingeleitet, bringt er zu einem vorläufigen Abschluss. Eine Parlamentsreform stärkt die Stellung der beiden Kammern der Volksvertretung, also der Kammer der Reichsräte und der Kammer der Abgeordneten, und verbessert das Wahlrecht. Mit seiner Justizreform gelingt dem Königreich Bayern ein großer Schritt auf dem Weg zum modernen Rechtsstaat.

Eine beispiellose Förderung der Geistes-, Natur- und Ingenieurwissenschaften ist Ausdruck seiner Überzeugung, dass der «Rohstoff Geist» für die weitere gewerbliche, technische, industrielle und mentale Entwicklung des Königreichs von zentraler Bedeutung sei. Bei seinem «Kampf um die besten Köpfe» und einer Exzellenzpolitik, der unter anderem die Stiftung Maximilianeum ihre Entstehung verdankt, geht es ihm darum, den kulturellen und wissenschaftlichen Standard Bayerns auf die Höhe des Jahrhunderts zu heben. Das Land soll dadurch eine Stärke erhalten, die auf dem machtpolitischen oder militärischen Sektor nicht zu erreichen war. Bayerns Glanz wird Preußens Gloria entgegengestellt.

Wie beim Königtum Ludwigs I. die Kunst, sind bei Maximilian II. Geist und Wissenschaft auch Instrumente der gesamtbayerischen Integration. Die wittelsbachische Kulturnation Bayern soll von den Altbayern, Franken, Schwaben und Pfälzern als gemeinsame Heimat empfunden werden. Den außenpolitischen Herausforderungen in einem zunehmend von preußisch-österreichischen Spannungen geprägten Deutschen Bund begegnet der König mit der so genannten Triaspolitik, als deren zentrales Element er sich ein starkes und stabilisierendes «Drittes Deutschland» mit Bayern an der Spitze vorstellt, eine selbständige Kraft zwischen und neben dem Königreich Preußen und dem österreichischen Kaiserreich.

Dass diese Außenpolitik nicht die nötige Resonanz bei den beiden großen Mächten, aber auch bei den deutschen Mittel- und Kleinstaaten findet und letztlich scheitert, mehrt unmittelbar die umfangreiche politische Problemliste, die die Regierungszeit König Ludwigs II. bestimmt. Die «deutsche Frage» steht auf dieser Liste neben der auch in Bayern drängender werdenden «sozialen Frage», dem spannungsreichen Verhältnis von Staat und Kirche und der von den gerade entstehenden politischen Parteien gewünschten Fortentwicklung der parlamentarischen Mitwirkungsmöglichkeiten ganz oben. In der Weise, wie das mächtige Königreich Preußen und dessen führender politischer Kopf, Otto von Bismarck, die so genannte kleindeutsche, also Österreich ausschließende nationalstaatliche Lösung vorantreibt, geht es bei der «deutschen Frage» auch und wieder einmal um die Existenz des souveränen Königreichs Bayern. Es ist nicht weniger als die nach der napoleonischen Zeit schwierigste Phase der bayerischen Geschichte, in der Ludwig II. an der Spitze des Königreichs steht.

Wie bei jedem seiner drei Vorgänger sind es hohe Erwartungen, die die Bevölkerung dem am 10. März 1864 proklamierten neuen Herrscher entgegenbringt. Die politischen Leistungen von Urgroßvater, Großvater und Vater, die hier nur kurz skizziert werden konnten, und die die jeweilige Regierungszeit prägenden unterschiedlichen Schwerpunkte des monarchischen Handelns seiner Vorgänger kennt der junge König, und sie verstärken den auf ihm lastenden Erwartungsdruck.

Nach allem, was wir wissen, nimmt Ludwig II. im März 1864

bereitwillig die Herausforderung an, die mit der Regierungs-
übernahme verbunden ist, eine Herausforderung, die sogar seinem abgedankten Großvater Ludwig I. Sorgen bereitet: «... ar-
mer Ludwig auch. Dessen Jugend hin ist, mit 18 Jahren schon
auf den Thron kommt, in welchem Alter er keine Erfahrung haben kann, keine Geschäftskenntnis und das in welcher Zeit.»
Die konkrete Regierungstätigkeit und deren Ergebnisse, die
Rahmenbedingungen der konstitutionellen Monarchie des
19. Jahrhunderts und der Spielraum bayerischer Politik im nationalen und internationalen Kräftefeld sind die Kriterien, die bei
der Beantwortung der Frage, ob Ludwig II. auf die Herausforderung die richtigen Antworten findet, in erster Linie berücksichtigt werden müssen.

Hans-Michael Körner, ausgewiesener Kenner der Geschichte
des Königreichs Bayern, hat mit Recht gefordert, dass eine se-
riöse Fragestellung, die sich mit den vielfältigen Problemen König Ludwigs II. ernsthaft auseinandersetzen will, nicht vom
Bild des Märchenkönigs in der Tourismuswerbung und der
folkloristischen Selbstdarstellung Bayerns ausgehen dürfe. Im
Mittelpunkt sollten nicht die königlichen Bauten – Herrenchiemsee, Neuschwanstein, Linderhof – stehen, nicht die Ir-
rationalismen, die nächtlichen Schlittenfahrten im Gebirge, die
Separatvorstellungen im Theater. Auch eine Engführung der
Betrachtung auf das Ende des Königs greife zu kurz. Die genannten Themen seien zwar in hohem Maße publikums-
wirksam und sie gehörten natürlich zum Gesamtbild des
Königs, aber primär sei dabei das tatsächliche politische Wirken.

Dem ist grundsätzlich zuzustimmen. Gleichzeitig darf jedoch
nicht übersehen werden, dass sich Ludwigs II. Leben in verschiedenen Welten abspielt. Von einem königlichen Doppelle-
ben hat Friedrich Prinz gesprochen. Und gerade auf Handlungs-
feldern, die nicht unmittelbar der Regierungstätigkeit zuzuwei-
sen sind – der Förderung Richard Wagners, des Kunsthandwerks
und der Kunst ganz allgemein, seinem technischen Interesse,
seinen Schlossbauten – fällt die Lebensbilanz besonders positiv
aus. Es scheint, dass noch mehr als bei anderen Herrschern die

Segmente des Lebens von Ludwig II. im Zusammenhang gesehen werden müssen.

Ludwig II. entzieht sich als Grenzgänger vielfach den geordneten und traditionell eher einfach gestrickten Erwartungen seiner Zeit, seiner Mitmenschen und, so möchte man hinzufügen, nach 1886 auch seiner rückblickenden und kritischen Beobachter – bis heute. Immer wieder überschreitet er nach beiden Seiten eine Grenze zwischen Vergangenheit und Gegenwart, Traum und Wirklichkeit, Realität und Irrationalismus, absolutistischem Majestätsbewusstsein und volksnahem Herrschertum, Natur und Kunst, Regierungspflicht und Künstlerfreiheit, Gesundheit und Krankheit, sexueller Konvention und Libertinage. Und auch nach seinem Tod wird er in der erinnernden Wahrnehmung einer breiten Öffentlichkeit zum Grenzgänger, der sich entweder auf der Seite der geschichtlichen Wirklichkeit oder auf der Seite des Mythos aufhält.

König Ludwig II. – ein Grenzgänger: In dieser Lebensstruktur finden die heftigen Auseinandersetzungen um seine Persönlichkeit und Lebensleistung, die bereits vor seinem Tod begannen und bis heute anhalten, ihre eigentliche Begründung. Eine sehr kontroverse, oft erbittert geführte und bis in die wissenschaftlichen Diskussionen hinein zum Teil emotional aufgeladene Auseinandersetzung, die den wirklichen Menschen Ludwig oft mehr verdeckt, als sichtbar macht. Wenn nur Segmente des Lebens eines Menschen in den Blick genommen und beurteilt werden, kann das nur zu einer Teilgerechtigkeit führen. Aber auch der Grenzgänger Ludwig II. darf verlangen, dass zumindest der Versuch unternommen wird, ihn als Gesamtpersönlichkeit zu würdigen. Diese muss in ihrem existentiellen Lebenszusammenhang gesehen werden: Die Autonomie des Menschen Ludwig ist durch seine politische Rolle als König Ludwig II. von Bayern vielfältigen Einschränkungen unterworfen, Rahmenbedingungen, die persönliche Entscheidungen und individuelles Handeln beeinflussen oder bestimmen. Die Biografie des Königs ist untrennbar mit der bayerischen Geschichte in der zweiten Hälfte des 19. Jahrhunderts verbunden.

2. Ein frühes Persönlichkeitsbild

Am 7. Dezember 1864, der neunzehnjährige Ludwig ist bereits seit knapp neun Monaten König von Bayern, sucht Kabinettssekretär Franz Seraph Ritter von Pfistermeister (1820–1912) den vierunddreißigjährigen Münchner Philosophieprofessor Johannes Huber (1830–1879) auf, um ihm einen königlichen Wunsch zu überbringen. «Mein lieber Professor, Sie müssen uns jetzt helfen. Der König ist ganz unglücklich; die Geschäfte ekeln ihn an; er muss etwas Süßigkeit haben, wir Anderen sind ihm zu nüchtern und zu prosaisch. Wenn nicht bald geholfen wird, so liegt er uns in 14 Tagen danieder. Er will studieren, er will philosophieren; und als ich ihn auf Sie aufmerksam machte, sagte er, den Professor Huber kenne ich, zu ihm habe ich Vertrauen, holen Sie ihn mir.»

Der Philosoph und Theologe Johannes Huber, später ein Vorkämpfer der altkatholischen Bewegung, soll auf Wunsch des Königs über die Entwicklungsgeschichte des menschlichen Geistes vortragen, über alle religiösen und philosophischen Systeme informieren sowie die Entwicklung und den Zusammenhang der Sagen erläutern und dabei insbesondere auf Brahmanismus und Buddhismus eingehen. Aus den geplanten Vorträgen vor dem König entwickeln sich in der Praxis rasch lebendige Gespräche mit Rede und Widerrede, Unterhaltungen, in denen der König offen und vertrauensvoll auch sehr persönliche Dinge zur Sprache bringt.

Sorgfältig protokolliert Huber die dreiundzwanzig Gespräche, die er, oft mehrmals in einer Woche, zwischen dem 8. Dezember 1864 und dem 20. April 1865 mit Ludwig über philosophische, religiöse, politische, soziale und persönliche Probleme führt. Er zeichnet dabei ein anschauliches Bild des ihm mit gewinnender Liebenswürdigkeit begegnenden jungen Herrschers. Es komme ihm vor, als rühre dessen «Unglück» daher, «dass den idealen Bedürfnissen seines Gemüts bisher kein Verständnis bei seiner Umgebung entgegengekommen» sei. Den Einfluss Richard Wagners leitet er davon ab, dass der Komponist als bisher Einziger so mit dem König verkehre, wie dieser es wünsche. «Wie er so neben mir saß an seinem Schreibtisch, ergriff mich der ganze Adel und die Schönheit seiner äußeren Erscheinung mit bezwingender Gewalt.»

Huber erkennt das Bild einer echt idealen Jünglingsseele, in der es gärt und treibt und die eine schöne Welt der Dichtung und namentlich die großen mythologischen Gestalten der germanischen Götter- und Heldenpoesie in sich trägt. Kabinettssekretär Pfistermeister gibt dem Philosophieprofessor, der seinen Auftrag nicht nur wissenschaftlich, sondern auch pädagogisch versteht, vor einem der Gespräche mit auf den Weg: «Der König hat eine maßlose Phantasie; wir begreifen ihn nicht, er will sterben, wir brauchen aber einen tatkräftigen König.»

Huber bestätigt, dass der König sich in der Prosa der wirklichen Welt einsam und unglücklich fühle. Er sei ein Mensch mit einer zur Schwärmerei neigenden Natur, der bisher von seiner Umgebung mit seinen idealen Forderungen verkannt worden sei und es darum vorgezogen habe, für sich eine Art Einsiedlerleben zu beginnen. Zugleich wohne ihm ein stolzes Bewusstsein seiner Würde inne, er sei durch und durch aristokratisch und denke daher geringschätzig von der Menge. «Er scheint überhaupt von niemandem viel zu halten, mit Ausnahme von Wagner.» Als Ludwig äußert, er werde kein Despot werden, doziert Huber: «Majestät! Es gibt dagegen kein anderes Sicherungsmittel, als dass Sie die Menschen achten lernen. Menschenverachtung führt zur Despotie, und ein König hat allerdings so wenig Gelegenheit, Menschen achten zu lernen.» Der König hebt daraufhin hervor, dass er die Menschen achte – und er werde dies künftig auch seinen Soldaten gegenüber unter Beweis stellen, nur seine Adeligen möge er nicht.

Huber hält fest, dass Ludwig seinen Vater, König Maximilian II. nicht geliebt habe und dies zum großen Teil von der strengen Art herrühre, mit der er erzogen worden sei. Acht Stunden tägliche Plage. Ludwig beklagt die steife preußische Erzie-

Abb. 3: Professor Johannes Huber, um 1865.

hung seiner hohenzollerischen Mutter Marie, kritisiert seine
Lehrer, von denen nichts zu lernen gewesen sei. Mit stark abfälli-
gen Worten äußert er sich über einzelne Lehrer, deren trockenes
Dozieren jede Fähigkeit, auf den Schüler sensibel einzugehen,
vermissen ließ. Zugleich jedoch hebt Huber Ludwigs Wissens-
drang, sein gutes Gedächtnis und seine Belesenheit hervor. Der
König sei überhaupt ein scharf denkender Geist. Als er dies Pfistermeister gegenüber formuliert, antwortet dieser: «Ja, bei dem
ich auf keinen rechten Resonanzboden stoßen kann; er ist ein
analytischer Geist, der immerfort nach dem Warum frägt und
einen dadurch in Verlegenheit bringen kann. Ich liebe ihn noch
mehr als König Max II.; dieser wollte immer fertige Ansichten.»
    Der König ärgert seinen Gesprächspartner mit vielen positi-
ven Äußerungen über den religions- und idealismuskritischen,
der demokratischen Bewegung nahe stehenden Ludwig Feuerbach, von dem der Hoffotograf Josef Albert ein Bild liefern

muss. «Als ich noch Kronprinz war», sagt er beispielsweise, «habe ich mir vorgenommen, wenn ich einst zur Regierung komme, die Idee Ludwig Feuerbachs über den Staat womöglich auszuführen.» Oder er behauptet, dass er selbst im Grunde republikanisch gestimmt sei, denn die Republik wäre die Verfassung für vollkommene Menschen. Huber muss daraufhin die Monarchie gegenüber dem «republikanischen König» verteidigen und begründen.

Trotz Ludwigs Sympathie für die rationalistische Feuerbachsche Philosophie beobachtet Huber beim König eine starke persönliche Gläubigkeit, die allerdings gegenüber der Amtskirche und Rom von Skepsis und Distanz geprägt sei. Hier komme es ihm so vor, «als habe der Glaube Seiner Majestät schon einen starken Stoß erhalten» und diejenigen irrten sich gewaltig, «die in ihm ein frommes Kind vermuten». Pfistermeister macht Huber auf den Einfluss Richard Wagners aufmerksam, der zwar ein genialer Mensch, aber doch ein Nihilist sei, und fordert: «Erhalten Sie den König nur bibelgläubig; denn das ist er noch.» Doch Huber antwortet, er könne den König nicht bibelgläubig in dem Sinne machen, dass die Welt in sechs Tagen erschaffen worden sei. Ludwig sei viel zu entwickelt und geistig aufgeweckt, als dass man ihm dies vormachen könne. Er habe schon manches gedacht, wovon unsere Frommen sich nicht träumen ließen, denn er sei ein ebenso kühner Denker wie Reiter und er scheue vor keiner skeptischen Betrachtung zurück.

Aber auch andere kritische Eindrücke hält der junge, mit scharfer Beobachtungsgabe und psychologischer Sensibilität ausgezeichnete Philosophieprofessor fest. So glaubt er bei Ludwig einen tyrannischen Grundzug zu erkennen und fährt fort: «Es ist ohne Zweifel etwas Unheimliches in ihm bei aller Offenherzigkeit und Liebenswürdigkeit.» Er sei unbedacht gegenüber seiner Umgebung, woraus Kränkungen und Erbitterungen resultierten. Er werde dem König bei nächster Gelegenheit sagen, dass man sich nur dann zu einem liberalen Fürsten ausbilde und der Gefahr, Tyrann zu werden, entkomme, wenn man die Menschen achte. Leider sei die Umgebung Ludwigs nicht dazu angetan, ihm Menschenachtung beizubringen.

Abb. 4: König Ludwig II., um 1864 (Foto Josef Albert).

Ludwigs persönliche Vertraulichkeiten flößen Huber Bangigkeit ein, und als der Professor ausführt, dass die «Liebe zum Weib das Leben des Mannes nicht ausfüllen könne, dass sie für die kräftige Mannesnatur mehr oder minder eine Episode sei», antwortete der König, dass bei manchem Mann diese Episode wohl gar nicht vorkomme. «Und ich merkte, dass er sich damit meinte.»

Johannes Huber entwirft ein Charakterbild des jungen Monarchen, das zwar in vielen Einzelheiten den Beobachtungen anderer Zeitgenossen entspricht, in seiner dichten Zeichnung des Ambivalenten, Zwiespältigen und Widersprüchlichen jedoch unvergleichlich ist: lebhafte Herzlichkeit und kühle Distanz, liebenswürdig und rücksichtslos, idealistisch und tatendurstig, Wirklichkeitssuche und Weltflucht, ein realistisch-analytischer Geist mit einer bedrängenden und ausschwärmenden Phantasie, ein ausgeprägtes Selbstbewusstsein und ein hochgesteigerter monarchischer Machtanspruch neben Selbstvorwürfen, persönlicher Unsicherheit und republikanischen Gedankenspielen.

Außerdem schildert Huber das Spannungsverhältnis zwischen Pflichtgefühl und Arbeitsbereitschaft auf der einen und Ludwigs Künstlertum mit einem tiefsitzenden Widerwillen gegen Verwaltungs- und Regierungsaufgaben auf der anderen Seite, darüber hinaus scheinbar feste Ansichten und zugleich eine ausschweifende, ja vagabundierende Intelligenz. Breite literarische Interessen und auch Kenntnisse stehen der mangelhaften Vorbereitung auf die Regierungsgeschäfte und fehlendem staatsrechtlich-politischen Sachverstand gegenüber. Auch Ludwigs Kampf mit sich selbst, seiner homoerotischen Veranlagung und den die Sexualität betreffenden königlichen Rollenzwängen in der zweiten Hälfte des 19. Jahrhunderts deutet Huber in zeitgemäßer Zurückhaltung an.

Alles in allem ein schöner und begabter, intelligenter, suchender und künstlerischer, aber innerlich noch wenig gefestigter, zweifelnder und von Komplexen belasteter Mensch vor der großen, mit außerordentlicher Macht und Verantwortung verwobenen Aufgabe, das Königreich Bayern mit seinen knapp 5 Millionen Einwohnern zu führen, zu regieren und zu verwalten.

3. Kindheit und Jugend: Erbprinz und Kronprinz

Nach drei Ehejahren und einer Fehlgeburt werden der Wunsch des 33-jährigen Kronprinzen Maximilian und seiner 24-jährigen Frau, der protestantischen Hohenzollernprinzessin Marie von Preußen nach einem Kind – und die Hoffnungen Bayerns auf einen Sohn des Thronfolgers – erfüllt: Im grünen Salon des Schlosses Nymphenburg kommt am 25. August ein Knabe zur Welt, der einige Tage lang Otto genannt wird, dann aber auf Bitten des Großvaters, König Ludwigs I., dessen Namen bekommt. Dieser verfügt im November 1845, dass der Titel «Erbprinz» fortan immer vom ältesten Sohn des Kronprinzen geführt werden dürfe, um ihn aus dem Kreis der übrigen Prinzen des königlichen Hauses herauszuheben.

Was wir von der Kindheit und Jugend des Erbprinzen, der bereits im Februar 1848 nach dem Thronverzicht seines Großvaters bayerischer Kronprinz wird, wissen, erlaubt nur vorsichtige Schlüsse auf seine spätere persönliche und politische Entwicklung. Man hat immer wieder hingewiesen auf die funktionale, strenge und lieblose Erziehung, die zu wenig die emotionalen Bedürfnisse und die erkennbaren künstlerischen Interessen des Kindes und Jugendlichen berücksichtigt hätte. Den Beziehungen zu Vater und Mutter habe die familiäre Wärme als Gegengewicht zu einer harten Erziehung gefehlt. Dabei ist man vor allem Urteilen und Äußerungen des Königs selbst gefolgt. «Wir haben vor unserem Vater gezittert.» Ludwig hat seinen Vater, einen rationalen Pflichtmenschen, oft geradezu gehasst und zu seiner Mutter, bei der er geistige und musische Interessen vermisst, ein meist distanziertes Verhältnis gepflegt.

Richtig ist sicher, dass bei Erziehung und Ausbildung nicht von den persönlichen Ansprüchen und Wünschen des Erb- und Kronprinzen ausgegangen worden ist, sondern von den Aufgaben und Herausforderungen, die den späteren König an der

Spitze eines großen Staates und das verantwortliche Haupt einer verzweigten und traditionsreichen Familie erwarteten. Das tagträumerische Kind, von zarter Konstitution und mit einem schwärmerischen Naturell begabt, ist allenfalls bei der geliebten Erzieherin Sibylle Meilhaus (1816–1881) Objekt pädagogischer Bemühungen. Generalmajor Graf Theodor Basselet de La Rosée (1801–1864), Emil Freiherr von Wulffen (1828–1876) oder Hauptmann Anton Orff (1828–1879) sehen in dem Heranwachsenden zunächst und vor allem den späteren bayerischen Herrscher. Gleiches gilt wohl für Domdechant Georg Karl von Reindl, der für den Religionsunterricht zuständig ist, und für den Beichtvater Daniel Haneberg (1816–1876), den Abt von St. Bonifaz. Vieles spricht allerdings dafür, dass die Vorbereitung des Kronprinzen auf seine künftige Funktion im Königreich Bayern nicht sonderlich systematisch, gezielt und konsequent erfolgt.

Die bayerische Prinzenerziehung ähnelt in Form und Inhalt dem in anderen Herrscherfamilien im 19. Jahrhundert Üblichen. Auch Vater Maximilian hat seine Erziehung und das frühe Verhältnis zu seinem Vater König Ludwig I. nicht in bester Erinnerung. Dass Ludwig ganz offensichtlich von Anfang an gegen die pädagogischen Bemühungen einen gewissen Widerstand aufbaut, kann als früher Ausdruck der sich entfaltenden Persönlichkeit verstanden werden. Wenn spätere Beobachter nicht müde werden, seine aufmerksame Neugier, seine breiten Interessen, seine überraschenden Kenntnisse, seine literarische und künstlerische Bildung oder seine intellektuelle Beweglichkeit zu loben, so darf der Anteil seiner Erzieherinnen und Erzieher – und vielleicht auch seiner Eltern – doch nicht zu gering eingeschätzt werden. 1856 beginnt ein intensiver, am gymnasialen Lehrplan orientierter Unterricht, und mit 17 Jahren besucht der Kronprinz erste natur- und geisteswissenschaftliche Vorlesungen an der Münchner Universität. Ludwig liest viel und vieles, zur Lieblingslektüre werden Schiller, Shakespeare und sehr früh auch Richard Wagner. Als Fremdsprache eignet er sich insbesondere Französisch an, angetrieben von der Hochschätzung des absoluten Herrschertums im Frankreich des 17. und

18. Jahrhunderts. Auch eine militärische Kurzausbildung findet statt.

Eines ist ihm in den ersten 18 Lebensjahren auf jeden Fall mit großer Nachhaltigkeit vermittelt worden: die herausgehobene Stellung eines Königs, Würde und Anspruch eines Monarchen, die Vorrechte des von Gottes Gnade getragenen Herrschers. Wenn es, wovon auszugehen ist, in der Erziehung hier korrigierende Elemente gegeben hat – den königlichen Pflichtenkatalog, die Wirklichkeit von Staat und Gesellschaft in der modernen Welt, die Würde und Rechte der Untertanen, die sich auf den Weg gemacht hatten, Staatsbürger zu werden –, so hat Ludwig sie wohl eher zurückhaltend aufgenommen als akzeptiert. Er wird auch deshalb später zu einem König, der die großen Chancen der konstitutionellen Monarchie nicht zu nützen versteht, weil er das nicht gelernt hat. Vielmehr kommen in seinem Leben und Wirken die Grenzen und Probleme dieser Staatsform derart stark zum Ausdruck, dass sich diejenigen bestätigt fühlen können, die in ihr nur eine Brücke von der absoluten Monarchie zur Demokratie sehen. Für das bayerische staatsrechtliche Verständnis der Ludwigzeit hingegen war die konstitutionelle Monarchie die richtige Antwort auf die politischen und gesellschaftlichen Entwicklungen des 18. und frühen 19. Jahrhunderts. Im Sinne des Diktums «Nur was sich ändert, hat Bestand», war man von den Zukunftschancen dieser Staatsform überzeugt.

Wenn man der prägenden Kraft der mit der Prinzenerziehung betrauten Personen nur einen beschränkten Stellenwert einräumt, so kann man die Wirkungen des räumlichen Umfelds, in dem Ludwig mit seiner Familie, dem Hofstaat und seinen Begabungen aufgewachsen ist, kaum überschätzen. Ins Konkrete gewendet: Will man dem Denken und Fühlen König Ludwigs II. näherkommen, sollte man nach Hohenschwangau fahren und dort in der grandiosen Landschaftskulisse und im gleichnamigen Schloss – nicht in Schloss Neuschwanstein – all das auf sich wirken lassen, was den Erb- und Kronprinzen in den ersten Jahren seines Lebens geprägt hat. Neuschwanstein ist eine Folge von Hohenschwangau, ist eine der Antworten, mit denen der

Abb. 5: Kronprinz Ludwig mit Trommel und Baukasten, Ende 1850
(Aquarell von Ernst Wilhelm Rietschel).

sensible König auf die Anregungen und Herausforderungen reagiert, die in seiner Kindheit auf ihn einwirken.

Die mittelalterliche Sagenwelt ist im Bildprogramm des 1829 von seinem Vater erworbenen und anschließend im Geist der historisierenden Spätromantik ausgebauten Schlosses Hohenschwangau auf Schritt und Tritt, bei Tag und Nacht präsent. Der mit seinen Illustrationen Richard Wagners Oper «Lohengrin» scheinbar vorwegnehmende Schwanenrittersaal, das den wittelsbachischen Vorfahren gewidmete Schyrenzimmer, das farbenprächtige und fremdartige Orientzimmer oder der Festsaal mit Szenen aus dem Sagenkreis um Dietrich von Bern – um nur einiges zu nennen – hinterlassen in der Vorstellungswelt des verträumt-sensiblen Kindes bleibende Eindrücke. Diese kommen, verstärkt durch die Opern und Schriften Richard Wagners, in Ludwigs Rolle als Bauherr und Förderer von Kunst und Kunsthandwerk zu einem bis heute die Menschen faszinierenden Ausdruck.

Aber auch in den königlichen Räumen in München, in der Residenz, den Hofgartenarkaden oder in Schloss Nymphenburg, wird der heranwachsende Kronprinz mit historischen Anspielungen und Inszenierungen konfrontiert, die ihn in eine vergangene, als schöner empfundene Welt entführen. Ein herausragendes Beispiel dafür ist der monumentale mehrteilige Nibelungen-Tafelaufsatz, den Kronprinz Maximilian zu seiner Hochzeit (1842) bei Ludwig von Schwanthaler in Auftrag gegeben hat. Er wird nach der Fertigstellung 1844 in der Residenz verwendet und heute im neuen Wittelsbacher Museum in Hohenschwangau gezeigt. Immer wieder begegnet man bei den von Ludwig II. geförderten oder geprägten Baukunstwerken und ihrer Ausstattung Elementen, die wie Zitate aus Hohenschwangau wirken und an die Jugendzeit des Königs erinnern, in der sich seine Einbildungskraft entwickelt.

Von der zarten Gesundheit ist bereits gesprochen worden; ernster zu nehmen sind «förmliche Halluzinationen», die Leibarzt Franz Gietl (1803–1888) diagnostiziert. Verschiedene charakterisierende Äußerungen des königlichen Großvaters über den jungen Ludwig beantworten Fragen nach dessen Interessen

Abb. 6: Kronprinz Ludwig mit seinem Bruder Otto, um 1857 (Foto Hohbach).

und Vorlieben. So schreibt Ludwig I. an seinen Sohn Otto, den König von Griechenland: «Bei der Christbescherung 1852 bekam (...) Ludwig das Siegestor aus Baustein-Holzen, das er errichten kann. Zu bauen liebt er, vorzüglich, überraschend, mit gutem Geschmack sah ich Gebäude von ihm ausgeführt. Ich erkenne Ähnlichkeit im künftigen Ludwig II. mit dem politisch-toten Ludwig I., auch in seiner Anhänglichkeit an seine Erzieherin finde ich mich wieder (...)» Ähnliches berichten seine Mutter oder Marie Schultze, eine Freundin der Königin. Auch eine Freude am Theaterspielen, an Geschichten und Bildern sowie – hier körperlich und mental im Gefolge der Mutter – die Begeisterung für die Natur, das Wandern und Bergsteigen fallen Beobachtern auf. «Wunderbar ist der Alpsee am frühen Morgen, wenn der Nebel sich zerteilt und das Schloss in hehrer Pracht sich zeigt», schreibt Ludwig im August 1863 an seine ehemalige Erzieherin Sibylle Meilhaus.

Ludwigs Bruder Otto wird im April 1848 geboren. Das an sich gute Verhältnis der beiden Prinzen wird nicht unwesentlich vom «monarchischen» Selbstgefühl des älteren Bruders beeinflusst. «Sonntags wurden den beiden Prinzen Ludwig und Otto gleichaltrige Adelige aus der Stadt eingeladen (...) Das Streben ging dahin, den beiden Prinzen die ihnen damals innewohnende Schüchternheit zu benehmen. Es wurde daher besonders das Kriegsspiel und Soldatenspiel begünstigt. Schon bei den kindlichen Spielen wollte der Kronprinz immer der erste sein, und wenn Fronleichnamsprozession gespielt wurde, schritt er bereits in der stolzen Art einher, die ihm später eigen war.» (Gottfried von Böhm)

4. Ludwigs Königreich:
Das Land und seine Verfassung

Das 76 000 qkm große Königreich Bayern besteht aus zwei getrennten Teilen: den sieben Kreisen (Regierungsbezirken) «rechts des Rheins» und der linksrheinischen Pfalz, dem Rheinkreis mit der Hauptstadt Speyer. Von den knapp 5 Millionen Einwohnern leben drei Viertel auf dem Land, ein Viertel lebt in den Städten. Sieben von zehn Bayern sind katholisch. Die Wirtschaftsstruktur ist überwiegend von der Landwirtschaft geprägt. Dabei darf freilich nicht übersehen werden, dass große Teile der Bevölkerung aus existentiellen Gründen eine gewerbliche Tätigkeit neben der Landwirtschaft ausüben müssen. Dennoch: Handwerk und Gewerbe, Handel, Verkehr und der Dienstleistungsbereich nähern sich erst der Marke von 40 Prozent, nur punktuell macht sich die Industrialisierung bei der Verbrauchsgüterherstellung bemerkbar. Die bayerische Arbeiterbewegung steht noch ganz am Anfang ihrer Entwicklung. Bayern bewegt sich auf die Schwelle von der Agrar- zur Industriegesellschaft zu, ohne sie bereits erreicht zu haben.

Trotz einer gewissen Urbanisierung, des wichtigen Eisenbahnbaus, für den unter Ludwig II. der Staat selbst zuständig ist, einer bescheidenen Industrialisierungswelle, der Belebung des Handels und einer langsamen Bevölkerungszunahme ist eine tief greifende Veränderung der wirtschaftlichen und gesellschaftlichen Struktur des Königreichs bis zum Ende von Ludwigs Regierungszeit noch nicht recht erkennbar. Die Prozesse, die dem König allerdings sehr bewusst sind, vollziehen sich im Vergleich zu einigen anderen deutschen Staaten (westliche Provinzen Preußens, Sachsen) mit deutlicher Verzögerung und vielfach unter der Decke wirklicher und scheinbarer gesellschaftlicher Stabilität, allerdings mit einer sich rasch entwickelnden politischen Streitkultur der sich etablierenden Parteien. Mit den

Reformgesetzen der späten 1860er Jahre, insbesondere der Einführung von Gewerbefreiheit und Freizügigkeit werden Voraussetzungen für eine Dynamisierung der ökonomischen Entwicklung und eine Erhöhung der Bevölkerungsmobilität geschaffen. Merkliche Beschleunigungsprozesse sind aber erst in den 1880er Jahren und dann in der Regierungszeit des Prinzregenten Luitpold (1886–1912) zu beobachten.

Die Verfassungsurkunde von 1818 mit den Veränderungen von 1848 schafft eine moderne konstitutionelle Grundordnung, die die politischen Verhältnisse im Königreich Bayern bis zu dessen Ende im November 1918 regelt. Sie sichert die Grundrechte, so die Freiheit der Person, des Gewissens und der Meinung, die Gleichheit vor dem Gesetz und bei der Besteuerung sowie den Schutz des Eigentums. Der König als Oberhaupt des Staates vereinigt alle Rechte der Staatsgewalt in seiner heiligen und unverletzlichen Person. Er steht an der Spitze der Gesetzgebung, der Verwaltung und der Rechtsprechung, seine allumfassende Gewalt ist jedoch durch die Bestimmungen der Verfassung gebändigt. Dadurch steht er nicht über dem Königreich Bayern, sondern ist als Oberhaupt Teil des Staates.

Zu seinen besonderen Rechten gehört die Berufung und Entlassung des Gesamtministeriums, also der zunächst nur ihm verantwortlichen Minister. Allerdings müssen die Minister bei königlichen Entscheidungen unterschriftlich Mitverantwortung im Rahmen ihrer sachlichen Zuständigkeit übernehmen. Recht und Pflicht der ministeriellen «Gegenzeichnung» begrenzen die politischen Möglichkeiten des Königs, auch wenn dieser einen die Unterschrift verweigernden Minister jederzeit entlassen kann. Auf der anderen Seite steht nämlich das Recht des Parlaments, jeden Minister bei einer Verletzung der «Staatsgesetze» anzuklagen. 1850 wird hierfür ein Staatsgerichtshof als Verfassungsgericht geschaffen.

Das Parlament, die Ständeversammlung (ab 1848 meist Landtag genannt) mit ihrem echten Zweikammersystem, besteht aus der die soziale Führungsschicht des Königreichs repräsentierenden Kammer der Reichsräte und der aus allgemeinen, zugleich jedoch das Besitz- und Bildungsbürgertum

Abb. 7: Kronprinz Ludwig als Oberleutnant des 2. Infanterie-Regiments,
Januar 1862 (Foto Holz).

privilegierenden Wahlen hervorgehenden Kammer der Abgeordneten. Wahlberechtigt sind zu Beginn der 1880er Jahre knapp 70% der männlichen Bevölkerung. Kennzeichen der Abgeordnetenkammer ist seit 1869, dem Jahr der ersten Landtagswahl unter König Ludwig II., ein Zweiparteiensystem: Der konservativ-katholischen, bäuerlichen, großdeutsch-antipreußischen, föderalistisch bis partikularistischen und antiliberalen Patriotenpartei – immer die stärkste Fraktion im Landtag – stehen die liberalen Gruppierungen, insbesondere die Fortschrittspartei gegenüber. Sie haben ihre Wählerschwerpunkte im Bildungs- und Besitzbürgertum, tragen Sozialgesetzgebung und Kulturkampf mit und streben die kleindeutsche Lösung der nationalen Frage an. Aus diesem Lager der liberalen Minderheit holt sich Ludwig II. seine Minister, wenn auch oft mit Unbehagen.

Die Rechte des Parlaments (Steuern, Haushalt, Kontrolle, Mitwirkung an der Gesetzgebung) sind im Vergleich zu denen des Königs deutlich eingeschränkt. Die von der Verfassung dem Monarchen zugesprochenen Rechte und Pflichten verlangen nach einer starken, aktiven, regierenden Herrscherpersönlichkeit. Kann der Monarch den ihm zustehenden Machtrahmen nicht füllen, wie das seit 1848 in Bayern zunehmend der Fall ist, erhalten das Ministerium – also die Minister und die hohe Ministerialbürokratie – sowie (mit rückläufiger Tendenz) der als Beratungsorgan des Königs fungierende Staatsrat Regierungsaufgaben, die ihnen die Verfassung eigentlich nicht zubilligt. Die Verfassungswirklichkeit entfernt sich allmählich vom Verfassungsrecht. Man kann diesen Vorgang im Bayern der Ludwigzeit nicht als schleichende Parlamentarisierung bezeichnen, da der einflussreiche «ministerielle Komplex» nicht von einer stillschweigenden Zustimmung der Mehrheit in der Abgeordnetenkammer ausgehen kann. Im Gegenteil. Die Schere zwischen Landtagsmehrheit und Regierung öffnet sich von Wahl zu Wahl weiter.

Regierung und Regierungsapparat verstehen sich nicht als Exekutive des Parlaments, sondern als wichtigstes Instrument, als Beauftragte des Monarchen und des Königreichs, in deren «wohlverstandenem Interesse» sie im Geist der Montgelas-Administration des frühen 19. Jahrhunderts agieren. Mit oder ohne Weisung von höchster Stelle.

Eine die höheren Exekutivpositionen besetzende, selbstbewusste, staatskonservativ-liberale Führungsschicht bestimmt so in erheblichem Umfang die bayerische Politik. Man hat von «Ministeroligarchie» gesprochen. Der kritisch-abwertende Ausdruck verdeckt, dass die Leistungen dieser aktiven, verantwortungsbewussten, effizienten und grundsätzlich dem monarchischen Prinzip verpflichteten bayerischen Spitzenbürokratie bemerkenswert sind. In das Vakuum, das ein Herrscher verursacht, der seiner konstitutionellen Machtfülle nicht gerecht wird, nicht gerecht werden will oder nicht gerecht werden kann, stoßen diese Exekutive und das als Verfassungsorgan nicht vorgesehene Kabinettssekretariat, die mächtige Schaltstelle zwischen Regierung und König. Die die Grundfesten des monarchischen Staates erschütternde Problematik dieser faktischen System- oder Verfassungsänderung wird bei der Absetzung König Ludwigs II. offenbar. Allmähliche Relativierung und revolutionäre Beseitigung des monarchischen Systems hängen eng zusammen. Trotz dieser Schlussfolgerungen ist allerdings zu bedenken, dass die wachsende Kompliziertheit des Staates und der Gesellschaft im 19. Jahrhundert einer hochprofessionellen Bürokratie bedarf; diese wird zum eigentlichen Motor der Modernisierungsprozesse – im Auftrag, aber nicht unter dem permanenten Befehl des Herrschers.

Erstens die konstitutionell gebändigte, aber zumindest theoretisch immer noch umfassende Monarchenrolle; zweitens die vom König eingesetzte und sich zugleich als der eigentliche Träger des staatlichen Willens verstehende Regierung, das Gesamtstaatsministerium; drittens der einflussreiche Kabinettssekretär; schließlich viertens die beiden Kammern, in denen sich die politischen Parteien und die gesellschaftliche Oberschicht artikulieren, aber nur wenig betätigen können und in denen die gesamtgesellschaftlichen Kräfte und der soziale Strukturwandel ein Ventil finden – das ist das komplizierte Herrschaftssystem, in das Ludwig II. Anfang März 1864 als König eintritt. Spätestens ab 1866 kommen als von außen stark einwirkende Kräfte Preußen, dessen Ministerpräsident und späterer Reichskanzler, Otto von Bismarck, und Georg von Werthern, preußischer Gesandter und Brückenkopf in München von 1867 bis 1888, und 1871 schließlich das Deutsche Reich hinzu.

5. Herrschaftsverständnis und Regierungsstil

Ein Grundkonflikt belastet die Regierungsarbeit Ludwigs II. von Anfang an. Die Vorstellungen des Herrschers vom Königtum sind unzeitgemäß vorkonstitutionell. Sie orientieren sich an den absolutistischen Herrschaftsformen des französischen 17. und 18. Jahrhunderts. Nicht nur in seinen Bauten kommt die Hochschätzung für Ludwig XIV. und dessen Zeit zum Ausdruck. Bei den Planungen für eine an Versailles orientierte Schlossanlage, die zunächst im Graswangtal liegen soll und dann auf Herrenchiemsee verwirklicht wird, verwendet Ludwig II. für das Bauprojekt den Decknamen «Meicost Ettal», ein Anagramm, ein durch Buchstabenumstellung entstandener neuer Begriff, dem das Diktum Ludwigs XIV. «L'État c'est moi» – «Der Staat, das bin ich allein» – zugrunde liegt.

Im Sonnenkönig hat für Ludwig II., der am Tag des heiligen Ludwig von Frankreich, am 25. August, geboren wurde, die wirkliche monarchische Selbstherrschaft ihre reinste Ausprägung gefunden. Auch im engsten Familienkreis des königlichen Hauses bestimmt dieses Majestätsgefühl Umgang und Umgangston. Im April 1875 schreibt er an seinen gleichaltrigen Vetter Ludwig, den späteren König Ludwig III. (1912/13–1918): «Durchlauchtigster Fürst! Wie schon früher habe Ich auch bei Gelegenheit des jüngsten Besuches Euerer Königlichen Hoheit und Liebden bemerkt, dass dieselben mit Mir in einem zu freien und die verwandtschaftlichen Beziehungen unpassend hervorkehrenden Tone sich bewegen, wie solcher vor dem Könige nicht angemessen erscheint. Ich bin der Überzeugung, dass Euere Königliche Hoheit ... in künftigen Fällen jene Form des Benehmens wählen, welche in Gegenwart des Königs von allen Untertanen beobachtet werden muss.»

Ein Herrscherverhalten, das von einschränkenden rechtlichen Bindungen frei ist – «princeps legibus absolutus» hat man das im 17. und 18. Jahrhundert genannt – ist nur mehr im unmittelbaren politisch-administrativen Umkreis möglich, wenn und soweit die Betroffenen dies akzeptieren und sich, der Erwartungshaltung des Monarchen entsprechend, unterwerfen. Am 3. September 1885 – schon lange verkehrt Ludwig mit dem Kabinettssekretariat nur mehr schriftlich und über untergeordnetes Personal – bedankt sich Kabinettssekretär Alexander von Schneider (1845–1909) beim König für eine Belobigung mit folgender «alleruntertänigsten Meldung»: «Eurer Majestät wagt der alleruntertänigst treugehorsamst Unterzeichnete für den ihn hoch beglückenden Ausdruck Allerhöchster Anerkennung, welcher ihm aus Anlaß der alleruntertänigsten Vorlage des Werkes ‹Description historique de la ville de Paris et de ses environs› Allergnädigst zu Teil wurde, seinen tiefstgefühlten, allerehrerbietigsten Dank zu Füßen zu legen. In allertiefster Ehrfurcht und Unterwürfigkeit erstirbt Euerer Majestät alleruntertänigst, treugehorsamster Alexander von Schneider.» Was sich wie eine bewusst groteske Überzeichnung traditioneller sprachlicher Ausdrucksformen im höfischen Bereich liest, wird wie ein spätabsolutistisches Erbe als Umgangsstil in einem Bayern praktiziert, in dem die Länge der Eisenbahnstrecken die Marke von 5000 km bereits überschritten hat.

Dennoch bleibt es bei der Tatsache, dass sich Ludwig II. am Beginn seiner Herrschaft 1864 mit bestem und festem Willen auf das bestehende politische System Bayerns einlässt. Im März 1864 notiert Kabinettssekretär Pfistermeister: «Der König sieht alle Tage (...) Minister, was sehr guten Eindruck macht und mir auch recht ist, damit ich nicht allein die Verantwortlichkeit tragen muss.» Aber der sachlich unvorbereitete, politisch schwache und sehr junge Monarch hat von Anfang an große Probleme damit, die von der Verfassung eingeräumten Kompetenzen in vollem Umfang zu nützen. Nur kurze Zeit ist er zudem bereit, in die Öffentlichkeit zu gehen oder offiziellen Verpflichtungen nachzukommen. Je menschenscheuer er in Bezug auf persönliche Begegnungen wird, desto umfangreicher und intensiver werden seine schriftlichen Beziehungen.

Es widerspricht seinem Majestätsgefühl, beim Herrschen und

Abb. 8: König Ludwig II. als Großmeister des Ordens vom Hl. Georg mit dem «Christophs-Schwert», 1883 (Stich von W. Hecht).

Regieren Kompromisse eingehen zu müssen oder persönlich lediglich über zwar «permanente», aber eben doch nur begrenzte Geldmittel verfügen zu können.

Lähmt der Widerspruch von absolutistischem Herrscherideal und konstitutionellem Regierungsalltag den König? Oder regiert Ludwig II. dennoch als oberster Leiter und Initiator der Politik des Landes, soweit es sein instabiler Gesundheitszustand zulässt? Gibt er der Arbeit des Gesamtstaatsministeriums die nötigen Impulse und kontrolliert er dessen Aktivitäten und das administrative Handeln des nachgeordneten Bereichs? Die Forschung hat diese Fragen bisher unterschiedlich beantwortet. Einerseits ist von einem Ausstieg aus der Politik schon 1866 die Rede (Andreas Kraus) und davon, dass er politisch grundsätzlich desinteressiert gewesen sei (Karl Bosl), andererseits wird darauf hingewiesen, dass er seiner Aufsichtspflicht bis in die letzten Tage seines Lebens nachgekommen ist. Je mehr Ludwigs konkrete Regierungsarbeit untersucht wird, umso deutlicher wird, dass Otto von Bismarcks Hinweis ernster zu nehmen ist, als dies bisher geschah: «Die Welt wird ihr Urteil über König Ludwig bedeutend ändern, wenn man nicht bloß seine Kunstschöpfungen bewundern, sondern auch in seine staatsmännische Korrespondenz Einsicht nehmen kann.»

Zwar sind die meisten Kabinettsakten nach seinem Tode vernichtet worden und viele erhalten gebliebene Teile im Zweiten Weltkrieg verbrannt, doch finden sich in den Akten der Ministerien Tausende, ja Zehntausende von königlichen Willensäußerungen in Form von so genannten Signaten (persönlichen Entscheidungen, Anweisungen oder Befehlen) und Briefen, die er zwar vielfach nur unterzeichnet, die man aber deshalb nicht als bloß gebilligte Vorgaben der Minister oder des Kabinettssekretariats abtun darf. Bei vielen königlichen Bemerkungen ist nicht zu übersehen, dass er sich mit dem Akteninhalt persönlich auseinandergesetzt hat, manchmal fast mit der Intensität und Präzision seines Großvaters, Ludwigs I., für den das «Der König herrscht, aber er regiert nicht» selbst in der modifizierten Form «Der König herrscht und regiert, aber er verwaltet nicht» («Le roi règne, gouverne et n'administre pas») zeitlebens ein Greuel war.

1865 beispielsweise teilt Ludwig II. dem Kriegsminister mit, dass die Ehrenzeichen, die Unteroffiziere und Soldaten nach 25 und 40 Jahren Dienstzeit bekämen, sehr unschön seien, er habe deshalb neue Entwürfe machen lassen und sich für einen davon entschieden. Außerdem wolle er, dass auch die Offiziere solche Zeichen verliehen bekämen. Das sei ein «Sinnbild der Zusammengehörigkeit der einzelnen Glieder der Armee». Als ihm die Erledigung dieser Anweisung zu lange dauert, schreibt er: «Herr Kriegsminister Generalmajor von Lutz; seit geraumer Zeit warte Ich auf das Erscheinen der von Mir in Anregungen gebrachten und bereits bewilligten Dienstaltersabzeichen für Offiziere und Soldaten. Ich will, ohne weitere Einwendungen dagegen zu hören, dass am 25ten August d. J. jedenfalls die Verteilung dieser Ehrenzeichen an die damit Begnadigten erfolge. Mit wohlwollenden Gesinnungen Ihr wohlgewogener König Ludwig.»

1874 verweigert er einer Änderung des bayerischen Raupenhelms in Richtung auf den preußischen Militärhelm seine Zustimmung, und als man ihm 1875 einen neuen Vorschlag unterbreitet, formuliert er scharf: «Ich bin nicht gewillt, in Meiner Armee den Gendarmeriehelm oder einen diesem nachgebildeten einzuführen; gestatte Ihnen aber ein Helmmuster, in welchem die Raupe durch einen Metallkamm oder Ähnliches ersetzt wird, in Vorlage zu bringen.»

Wichtiger als solche in ihrer Bedeutung eher nachrangigen Signate, zu denen der König sicher auch durch seine ästhetisch-künstlerischen Neigungen bewegt wird, sind Äußerungen zu grundsätzlichen Fragen der Politik. Als es 1873 um die Übertragung der Gesetzgebungskompetenz für das bürgerliche Recht auf das Reich geht – Verfassungsvoraussetzung für die Erarbeitung des Bürgerlichen Gesetzbuches –, erteilt Ludwig seine Zustimmung mit der Einschränkung, «dass der Landesgesetzgebung die volle Kompetenz für all jene Rechtsinstitute gewahrt bleibe, welche wie einzelne Teile des Erbrechts, das eheliche Güterrecht und ähnliches ihrer Natur nach Gegenstand partikularer Rechtsbildung sind. Dass ich auf Erhaltung des Obersten Gerichtshofes das größte Gewicht lege, habe Ich zum öftern kund gegeben und will es bei diesem Anlasse wiederholen.»

Ganz konkret teilt er bei einem damit zusammenhängenden Vorgang seinem Vorsitzenden im Ministerrat, Adolf Freiherr von Pfretzschner (1820–1902), mit, wo die äußerste Grenze seiner Zugeständnisse liege und dass er als zusätzliches Verhandlungsziel vorgebe, dass ein eventuell zu errichtender Reichsgerichtshof «in Bayern seinen Sitz erhalte».

Die konkrete Untersuchung der königlichen Signate auf den verschiedenen Feldern der Politik zeigt einerseits, dass das Verdikt vom Nichtregieren der Wirklichkeit nicht gerecht wird. Der Landeshistoriker Christoph Botzenhart hat deshalb seine Neuland erschließende Untersuchung der Regierungstätigkeit des Königs zu Recht mit dessen Aussage gegenüber Richard Wagner überschrieben: «Ein Schattenkönig ohne Macht will ich nicht sein.» Auch die nach dem Regierungsantritt rasch einsetzende öffentliche Kritik wegen der Abwesenheit des Monarchen von München ist hinsichtlich ihrer Schlussfolgerungen, Ludwig II. habe seine Pflichten vernachlässigt und eine mangelnde Arbeitsbereitschaft erkennen lassen, deutlich zu relativieren. Der Akten- und Informationsfluss zwischen der Regierungszentrale in der Haupt- und Residenzstadt München und den königlichen Aufenthaltsorten wie Schloss Berg oder Schloss Hohenschwangau war zu jeder Zeit gesichert. Das belegen die Fahrdienstorganisation ebenso wie die Ortsangaben bei den königlichen Signaten.

Andererseits lässt sich aus den Akten aber auch herauslesen, wie rasch der König die Grenzen seiner Entscheidungs- und Handlungsfreiheit in einem Regierungssystem erleben muss, in dem das «Ministerium» und dessen Apparat sich daran gewöhnt hat, für Regieren und Verwalten mehr oder weniger allein zuständig zu sein. Hans-Michael Körner hat anschaulich vor Augen geführt, wie eindeutige politische Willensäußerungen des jungen Königs von der Exekutive relativiert oder abgeblockt werden. «In einer raffinierten Mischung aus psychologischem Kalkül, Zurückweisung des monarchischen Anspruchs, Betonung der ministeriellen Verantwortung und souveräner Beherrschung des bürokratischen Geschäftsgangs wurden die Initiativen Ludwigs desavouiert, als lächerliche Versuche eines politisch dilettierenden Jünglings konterkariert.» Dass dies auf

Ludwigs politischen Gestaltungswillen einen negativen Einfluss haben muss, liegt auf der Hand. Wachsende Zurückhaltung, innerliche und äußerliche Distanz zur Regierung, Phasen der Resignation finden hier eine Erklärung.

Ein weiterer Grund ist in der Chronologie zu suchen. Die kriegerischen und politischen Ereignisse zwischen 1864 und 1871, an deren Ende die Gründung des Deutschen Reiches steht und an denen Ludwig intensiv beteiligt war, werden von ihm letztlich als bayerische und persönliche Niederlage empfunden. Wichtigste Erfahrung dabei ist die Erkenntnis seiner geringen politischen Spielräume und der Zwangsläufigkeit von Entwicklungen. Ludwig spielt sogar mit der Idee, abzudanken. Die Vorgänge bestimmen die ersten Jahre seiner Herrschaft und wirken daher prägend auf die folgende Regierungszeit, für die der Rückzug aus dem öffentlichen Leben und ein immer häufiger werdendes Überschreiten der Grenze zum privaten, mit Mythen und Träumen gefüllten Lebensraum kennzeichnend sind.

Bei der Beurteilung der politischen Rolle des Monarchen muss man sorgfältig unterscheiden zwischen den Ansichten und Überlegungen Ludwigs auf der einen und den wirklichen und konkreten Initiativen und Aktivitäten andererseits.

Eine bedeutende Rolle spielen im Kräftefeld von Gesamtministerium und Monarchen die Kabinettssekretäre Franz Seraph von Pfistermeister (1820–1912), Johann von Lutz (1826–1890), August von Eisenhart (1826–1905) oder Friedrich von Ziegler (1839–1907), um nur die wichtigsten zu nennen, gehören zweifellos zu den wirklich einflussreichen Männern im Königreich. Sie regeln die persönlichen Angelegenheiten des Königs der Öffentlichkeit gegenüber, sie vermitteln auf politischem und administrativem Gebiet zwischen Regierung, Ministern und Monarchen. Macht und Einfluss bezahlen sie unter anderem mit den Spannungen und persönlichen Unannehmlichkeiten, die die Unberechenbarkeit des Königs zur Ursache haben und die dann zum plötzlichen Ausscheiden aus ihren zentralen Ämtern führen können. Pfistermeister muss wegen Richard Wagner gehen, Friedrich von Ziegler verlässt das Amt 1883 mit der Bemerkung, dass «die Situation am Hofe unerträglich und nicht auszuhalten sei». Nicht einmal ein Gehalt in Höhe der königlichen Einkünfte könnte ihn dazu bringen, ins Kabinett zurückzukehren. Eine den König dominierende Position hatten die Kabinettssekretäre allerdings nicht, auch wenn ihnen das lange Zeit zugeschrieben worden ist. Man hat damit erklärt, warum der Gang der Regierungsgeschäfte trotz eines «wahnsinnigen Königs» so reibungslos lief. «Billigt man Ludwig II. aber genügend Verstand und eigenständiges politisches Denken und Handeln zu, so relativiert sich die Bedeutung des Kabinettssekretariates, und dies besonders in politischer Hinsicht. Den Gang der bayerischen Politik änderte es nicht wesentlich.» (Christof Botzenhart)

Das bisher vorherrschende Urteil über Ludwigs Abwendung von den Regierungsgeschäften, sein zunehmendes Gewährenlassen des Ministeriums – seit 1870 empfängt er seine Minister überhaupt nicht mehr zum persönlichen Vortrag, in den letzten Jahren will er auch die Kabinettssekretäre nicht mehr persönlich sehen und hören – und sein weitgehender Rückzug aus dem politischen Geschäft um 1880 stehen heute mehr als früher unter dem Vorbehalt weiterer Forschungsergebnisse. Tatsache ist schon jetzt, dass Ludwig bis in das Jahr 1886 hinein täglich mit rund einem Dutzend zu entscheidenden Anträgen befasst ist. Dass er unter diesem «Verwaltungselend» leidet, steht auf einem anderen Blatt.

Ludwigs grundsätzliches Herrschaftsverständnis kommt auch in den zehn Jahre währenden Überlegungen und Planungen zum Ausdruck, einen Geheimbund, «Die Coalition», zu errichten, um «in Bayern das absolute Regierungssystem wieder herzustellen. Die Verfassung sollte aufgehoben, die Landesvertretung abgeschafft werden.» (Stallmeister Richard Hornig, 1886). Diese Staatsstreichpläne gehen bis in die späten 1860er Jahre zurück, in denen Ludwig schriftlich festhält, dass, je umfangreicher die Macht des Königs sei, desto mehr sei dieser im Stande, zum Wohle seines Volkes zu wirken. Die Erweiterung der Begriffe des Rechtsstaates, die Vermehrung der Volksrechte, die Ausbildung der Verfassung seien der Tod des Königtums. «Das Prinzip der Volksautorität, das sich immer mehr ausbildet, und mit seinem Gifte alles begeifert, muss ausgerottet

Abb. 9: Ludwig II. in bayerischer Generaluniform mit Krönungsmantel 1865 (Gemälde von Ferdinand Piloty d. J.).

werden, damit nach und nach das der absoluten Monarchie an dessen Stelle gesetzt werden kann.» Es spricht einiges dafür, dass der König lange an diesen realitätsfernen Plänen festhält und auch viel Geld in deren Umsetzung investiert. Irgendwelche praktischen Auswirkungen sind aber nicht feststellbar.

Gleiches lässt sich von seinen nach 1871 aufkommenden Wünschen sagen, Bayern den Rücken zu kehren und an einer anderen Stelle der Erde ein Reich zu errichten, an dessen Spitze er als Alleinherrscher mit unbeschränkter Macht stehen will. Der Direktor des Archivs des Königreichs Bayern (Reichsarchiv), Franz von Löher (1818–1892), bekommt den Auftrag, die Kanarischen und griechischen Inseln, Zypern und Kreta zu bereisen und entsprechende Erkundigungen einzuziehen. 1886, nach Ludwigs Tod, wird Löher dafür von dem Publizisten Johann Baptist Sigl als «Privatkolumbus weiland Seiner Majestät König Ludwig II.» verspottet. Die Wahl fällt in der mit diesen geradezu grotesken Plänen befassten Kommission auf die Kanarischen Inseln. Ernsthaft erörtert werden die Erwerbungskosten, die nötigen Verhandlungen mit Spanien und England und der Inhalt einer monarchischen Verfassung für das «Kanarische Inselreich». Kritische Einwände aus seiner unmittelbaren Umgebung weist der König, vermutlich im Jahr 1879, mit dem Befehl zurück, die Sache weiterzuverfolgen: «Übergenug Rechte sind in Folge jenes verabscheuungswürdigen Jahres 71 weggefallen, sollte das nun in Zukunft so fortgehen (…), so habe ich vor, jenen Plan auszuführen, zum *Alleräußersten* braucht es deshalb nicht zu kommen, denn der Wegfall von ‹noch mehr› Rechten ist zum Gehen Grund genug, da, wie die politische Frage gegenwärtig ist, jene räuberische Hohenzollern-Bande, jenes preußische Gesindel doch nicht alles erreichen können was ihnen erwünscht wäre.» Die Angelegenheit, bei der man nicht genau weiß, ob sie vom König wirklich ernst genommen oder nur als monarchisches Planspiel betrieben wird, verläuft natürlich letztlich im Sande. Aber «Die Coalition» und das Ländererwerbsprojekt sind Ausdruck eines vorkonstitutionellen Herrschafts- und Verfassungsverständnisses bei gleichzeitigem politischen Agieren innerhalb des bestehenden staatlichen Systems.

6. Reformgesetzgebung und soziale Frage

Neben und zum Teil auch vor der deutschen oder nationalen Frage, den kirchenpolitischen Auseinandersetzungen und der Diskussion über Wahlrecht und Parlamentarisierung gehört die soziale Frage zu den politischen Hauptproblemen der Regierungszeit Ludwigs II. Wenn auch die Verarmung großer Teile der Bevölkerung in Bayern nicht das Ausmaß annimmt, das in anderen europäischen Staaten zu Verelendungsentwicklungen führt, so ist doch das Problem auch hier durchaus drängend. Ist das dem König bewusst? Setzt er sich mit der sozialen Frage auseinander? Werden einschlägige politische Initiativen von ihm angeregt oder gehen solche von ihm aus? Sein Vater König Maximilian II. hat, wenn auch nur mit beschränktem Erfolg, durch zahlreiche Einzelmaßnahmen versucht, Armut und ihre Folgen zu lindern. Freilich beschritt er dabei vornehmlich die traditionellen Wege herrscherlicher Wohltätigkeit. Von aktiver und gestaltender Sozialpolitik konnte keine Rede sein. Das verhinderten auch die Parlamentsmehrheit und die Regierung, die beide wenig Neigung zeigten, sich mit den Problemen der «Armenpflege» auseinanderzusetzen.

Auch bei Ludwig II. lassen sich viele Beispiele von großzügiger Mildtätigkeit, von erheblichen Ausgaben für karitative Zwecke und von königlicher Wohltätigkeit aus herrscherlicher Gnade finden. «Unterwegs auf seinen Ausflugsfahrten spendet er offenbar oft so großzügig Almosen an Bedürftige, dass den begleitenden Lakaien manchmal das mitgeführte Geld auszugehen drohte. So muss der Lakai Hornig am 26. August 1877 vom Schachen aus den Hofsekretär von Düfflipp um Nachschub bitten: ‹Seine Majestät haben gestern so viel verschenkt, dass meine Kasse fast völlig erschöpft ist. Ich erlaube mir daher, Ihnen eine Quittung von 2000 Mark zu übersenden.›» (Franz Merta)

Das lange Zeit konstatierte geringe Interesse Ludwigs II. an der sozialen Frage ist seit einiger Zeit einer eher nachfragenden, noch nicht abschließend urteilenden Position gewichen. Immerhin äußert Ludwig II. in Zusammenhang mit dem sich abzeichnenden Deutsch-Französischen Krieg 1870: «Die rechte Lösung der sozialen Frage in meinem Land würde ich für höher halten, als wenn ich durch Waffenruhm Herr von Europa werden könnte und ich möchte nicht das Leben eines meiner Bürger für einen selbstsüchtigen Zweck zu verantworten haben! Ich wünsche von meinem Schöpfer nicht das Glück eines Eroberers, dieses Fürstenwahnwitzes, sondern jenes Glück, dass man nach meinem Tode sage, Ludwig hat nur danach gestrebt, seinem Volke der wahrhaft treueste Freund zu sein, und es ist ihm gelungen, sein Volk zu beglücken.»

In einem Brief, Teil eines jahrelangen Schriftwechsels, an den Schweizer Juristen, Rechtshistoriker und Hotelier Dr. Friedrich Schreiber († 1912) formuliert Ludwig II. am 15. Januar 1879 im Rückblick auf das Jahr 1878, das Jahr des so genannten Sozialistengesetzes, also des Reichsgesetzes «wider die gemeingefährlichen Bestrebungen der Sozialdemokratie»:

«Die politischen Wolken, welche sich im verflossenen Jahre in so drohender Weise aufgetürmt und die Situation der Dinge in Europa so sehr verdüstert hatten, sind bei Beginn des neuen Jahres um Vieles leichter geworden. Der Sonnenstrahl der Hoffnung hat sie durchdrungen und erhellt die Zukunft. Wie sehr ersehne Ich die Zeit, in der jener Alp verschwindet, welcher mit schwerem Drucke auf allen Verhältnissen lastet! Wann wird an die Stelle der Trägheit des Verkehrs ‹gemeint sind die Beziehungen zwischen den gesellschaftlichen Klassen›, des Mangels an Vertrauen wieder jenes frische freudige Leben treten, welches ein Zeichen davon ist, dass es auch dem Armen nicht schlecht geht!

Vielleicht sind die bösen sozialdemokratischen Ablagerungen, welche sich in Deutschland und anderwärts am staatlichen Körper zeigten, zum Teile Folgen der im Verkehr eingetretenen Unregelmäßigkeiten. Jedenfalls haben sie an manchen Orten, z. B. in Berlin, so entsetzliche Dimensionen angenommen, dass einschneidende Mittel notwendig waren, um diesem Treiben ein Ende zu setzen. Mit dem Aufhören der wilden, aufreizenden

Agitation ist es bereits besser geworden. Mit dem Sozialistengesetz allein aber ist die soziale Frage natürlich nicht gelöst. Sie
muss von vielen Seiten aus angegangen werden.

Ich preise das Geschick, dass Bayern durch günstig gemischte
Erwerbsarten, durch ein glückliches Verhältnis der Industrie zur
Landwirtschaft nicht annähernd so von der Frage betroffen ist.
Einen Teil dieses Glückes darf Ich wohl auch dem Umstande
zuschreiben, dass Meine Regierung auf Meinen Befehl sich
schon zu einer Zeit mit der Frage beschäftigte, als man andern-
wärts ihre Wichtigkeit völlig verkannte.»

Des Königs Hinweis auf angeblich von ihm ausgegangene so-
zialpolitische Aktivitäten seiner Regierung meint die so genannte Sozialgesetzgebung der späten 1860er Jahre, ein ganzes
Bündel von Gesetzen, das wesentliche und nachhaltige innere
Reformen auf dem Gebiet des Gewerberechts, der kommunalen
Selbstverwaltung, der öffentlichen Armen- und Krankenpflege,
von Heimat, Verehelichung und Aufenthalt, schließlich auf den
Gebieten der Wehrverfassung und des Gerichtsverfahrens bewirken. Wichtigste Ergebnisse sind eine umfassende Gewerbefreiheit, die Befreiung der Gemeinden von staatlicher Bevor-
mundung durch die Einführung einer echten kommunalen
Selbstverwaltung, Freizügigkeit, Erleichterung der Eheschließung, Sozialfürsorge, Wehrgerechtigkeit.

Nur die gesetzliche Neuordnung des Schulwesens, mit der
eine Modernisierung und die Begrenzung des kirchlichen Einflusses erreicht werden soll, scheitert trotz einer mehrheitlich
positiven Haltung der Kammer der Abgeordneten (114 dafür,
26 dagegen) an der Kammer der Reichsräte, die dem öffentlichen Druck katholisch-konservativer Kreise nachgibt. König
Ludwig II. ist darüber wenig erfreut.

Einige dieser Gesetze, die das Königreich gerade auch sozial-
politisch und viele Jahre vor der Bismarckschen Sozialgesetzgebung der 1880er Jahre tief greifend modernisieren, hatte bereits Ludwigs Vater, König Maximilian II., angekündigt. Aber
er konnte sich gegen seine die Mehrheitsmeinung in der Kammer der Abgeordneten fürchtende Regierung nicht durchsetzen.
Die eigentliche und abschließende Gesetzgebungsarbeit und das

Fürst Chlodwig von Hohenlohe.

Abb. 10: Chlodwig Fürst zu Hohenlohe-Schillingsfürst, um 1866.

Inkrafttreten fallen in die Regierungszeit Ludwigs II. Zudem wird das Reformpaket in der zweiten Hälfte der 1860er Jahre nicht nur verabschiedet, sondern auch deutlich erweitert. Wichtige Voraussetzungen sind die 1863 erfolgende Gründung der «Deutschen Fortschrittspartei in Bayern», zu deren innenpolitischem Programm die Sozialgesetzgebung gehört, und eine deutliche Stärkung der kleindeutsch-liberalen «Linken» in der Abgeordnetenkammer. Die vom Vertrauen Ludwigs II. getragene Regierung des Fürsten Hohenlohe-Schillingsfürst findet deshalb die nötige Resonanz im Landtag. Das Gesetzespaket verbessert unmittelbar die Lage der gesellschaftlichen Unterschichten in Stadt und Land, es gibt aber auch der wirtschaftlichen Entwicklung kräftige Impulse und stärkt die persönlichen und kommunalen Freiheitsrechte.

Etwa gleichzeitig bringt Ludwig II. eine Reform des 1729 von Kurfürst Karl Albrecht gegründeten wittelsbachischen Hausritterordens vom Heiligen Georg auf den Weg. 1871 werden in dessen Statuten als Ordenszweck neben der «Verteidigung des christkatholischen Glaubens» die «Ausübung der Werke der Barmherzigkeit» aufgenommen. Der Orden betreibt daraufhin auch aktive Sozialarbeit, so durch die Errichtung von Krankenhäusern in München-Nymphenburg (1871) und Brückenau (1880).

Hinter den königlichen Aktivitäten, die mehr sind als die üblichen Geschenke und Almosen eines Herrschers und bei denen er wohl auch mehr ist als ein bloßer «sanktionierender oberster Staatsnotar», als welchen ihn die Geschichtswissenschaft einmal bezeichnet hat, steht neben anderen Ludwigs große Angst vor der politischen Arbeiterbewegung. Aber Unterdrückungs- und Polizeimaßnahmen allein sieht er nicht als geeignete Vorkehrungen zur «Abwehr der sozialistischen Bewegung» an. Ihm ist klar, dass man es auf diesem Gebiet in Bayern etwas leichter habe, «vorzugsweise wohl deshalb» – wie er es im September 1878 in einem Brief an Friedrich Schreiber ausdrückt –, «weil Handel und Industrie mit Ackerbau und Viehzucht in einem richtigen Verhältnisse stehen. Möge dieser gesunde Zustand stets erhalten bleiben».

Der Münchner Universitätsprofessor Johannes Huber, mit dem Ludwig 1864/1865 die eingangs erwähnten ausführlichen philosophischen und politischen Gespräche führt, hat sich intensiv in Vorträgen und Veröffentlichungen mit der sozialen Frage beschäftigt. Diese ist, vor allem hinsichtlich ihrer philosophischen Aspekte, auch Thema an den gemeinsamen Abenden mit dem jungen König. Huber ist der Überzeugung, dass ein Kulturstaat den «gedrückten Klassen» nicht nur durch Hilfe zur Selbsthilfe entgegenkommen müsse, sondern um seiner Selbsterhaltung willen auch durch konkrete Reformen. Mit Ferdinand von Lassalle fordert er, dass dort, wo unter der Wucht der Verhältnisse alle eigene Anstrengung des Arbeiterstandes zur Verbesserung seiner Lage scheitert, «der Staat dem vergeblich Ringenden eine rettende Hand darreiche».

Am 17. Februar 1865 äußert Huber vor dem König unter anderem Gedanken zu den grundsätzlichen Aufgaben eines Monarchen und protokolliert seine Ausführungen: «Aber weiter geführt müsse das Volk und seiner vorwärts drängenden Entwicklung freie Bahn geschafft werden; denn wer ein lebendig Wachsendes in einem ihm zu eng werdenden Gefäß zurückhalten wolle, der nötige es, dieses Gefäß zu sprengen. Auf dem Gebiete des staatlichen Lebens entstehe durch die Einengung des groß werdenden Volkes in veralteten und engen Schranken naturnotwendig die Revolution. Die Französische Revolution sei notwendig gewesen. Die Aufgabe des Fürsten sei Reform, Evolution, Entwicklung. – Der König horchte aufmerksam, ein paar Mal mit finsterem Gesichte zu.»

Der Bogen von interessierten und informierten Äußerungen des Königs zu aktuellen innen- und gesellschaftspolitischen Vorgängen spannt sich vom Jahr des Regierungsantritts bis in die Mitte der 1880er Jahre. Zu Beginn der Reichssozialgesetzgebung, 1881, stärkt er Bismarck in den entsprechenden politischen Plänen. «Den bevorstehenden Wahlen sehe ich mit dem größten Interesse entgegen. Wenn sie auch nicht nach Wunsch ausfallen, so glaube ich doch fest daran, dass es Ihrer Beharrlichkeit gelingen wird, die finanziellen und wirtschaftlichen Grundlagen zu schaffen, die notwendig sind, um die Wohlfahrt der deutschen Lande und insbesondere die Lage der Arbeiter auf eine befriedigende Stufe zu bringen; der ehrlichen Mitwirkung von Seiten meiner Regierung sind Sie gewiss.» Noch zu Ludwigs Lebzeiten werden im Reich die Krankenversicherung (1883) und die Unfallversicherung (1884) eingeführt.

Im Januar 1884 teilt der König seinem Schweizer Freund Schreiber, in dessen Rigi-Kulm-Hotel er mehrmals logiert, mit, dass er wichtige Gesetze auf volkswirtschaftlichem Gebiet auf den Weg gebracht habe, die der Hebung der Landwirtschaft und der Verkehrsförderung dienten. Konkret spricht er die Errichtung einer Hagelversicherungs- und einer Kulturrenten-Anstalt sowie die Verdichtung des Eisenbahnnetzes an. Insgesamt fällt auf, dass dem König die Zusammenhänge und gegenseitigen Abhängigkeiten der verschiedenen Politikbereiche sehr bewusst waren.

7. Deutsche Frage und Deutscher Krieg

Der 1815 auf dem Wiener Kongress errichtete Deutsche Bund, in den Ludwig 1845 hineingeboren wird, entspricht als lockerer Staatenbund von knapp vierzig «souveränen Fürsten und freien Städten» (Bundesakte Artikel I) mit dem Ziel der Erhaltung der äußeren und inneren Sicherheit Deutschlands und der Unabhängigkeit und Unverletzbarkeit der einzelnen deutschen Staaten den politischen Zielen der Herrscher. Er befriedigt zugleich die in erster Linie an Frieden und Sicherheit interessierten Kreise der Bevölkerung, enttäuscht aber jene Teile der Öffentlichkeit, die sich eine größere nationale Einheit in einem liberalen Gemeinwesen oder gar die Wiedererrichtung des Kaisertums wünschen. Die Bundesversammlung, der Bundesrat in Frankfurt, ein Gesandtenkongress unter österreichischem Vorsitz, ist das einzige gemeinsame Verfassungsorgan.

Die bayerische Außenpolitik in der Regierungszeit von Ludwigs Großvater, König Ludwig I., ist, sieht man von den griechischen Aktivitäten einmal ab, einerseits eine defensive, das Erreichte stabilisierende Bundespolitik, andererseits im Rahmen der Zollvereinsaktivitäten und in Verbindung mit Preußen Wirtschaftspolitik. Für Machtpolitik, die zudem dem System des Deutschen Bundes widerspricht, fehlen Bayern als Mittelstaat die Grundlagen. Ludwig I. will ein einiges, kein einheitliches Deutschland, «einig gegen außen, mannigfaltig im Innern» (Andreas Kraus), einen stabilen Staatenbund, keinen Bundesstaat. Die föderalistisch saturierte, durch Souveränität befriedete Position Bayerns ist freilich vielfältigen Gefährdungen ausgesetzt. Die nationale Bewegung destabilisiert die etablierte Ordnung, der preußisch-österreichische Dualismus kann sich durch ein zu enges, oft von Vorverständigung gestärktes Zusammenwirken der beiden Großmächte gegen die deutschen Mittel- und Kleinstaaten richten. König und Ministerrat in

München unterstreichen 1832, dass sich die bayerischen Bundespflichten aus Staatsverträgen eines Souveräns mit anderen souveränen Staaten und nicht aus einer Unterordnung des bayerischen Staats und seines Monarchen unter einen «Bundes-Körper» ergeben. Bayerns Außenpolitik ist ein interessengeleitetes Oszillieren zwischen Preußen und Österreich. Als Konstanten lassen sich die bayerischen Vorstellungen von Souveränität, föderaler Ordnung und friedenssicherndem Gleichgewicht erkennen. Wirtschaftspolitisch kommt mehr der preußische Einfluss zum Tragen, die Nähe zu Österreich wird aus verfassungs- und konfessionspolitischen Überlegungen, aber auch aus emotionaler Übereinstimmung heraus gesucht.

Dynastische Verbindungen zwischen Bayern und Preußen sind jahrhundertelang aus konfessionellen Gründen unerwünscht gewesen. In der Zeit des Deutschen Bundes kommt es dann aber doch zu zwei wichtigen Ehebündnissen zwischen den Häusern Wittelsbach und Hohenzollern. 1823 heiratet Elisabeth von Bayern, eine Tochter König Max' I. Joseph und seiner zweiten Gemahlin, der Protestantin Caroline Friederike von Baden, den preußischen Kronprinzen Friedrich Wilhelm, den späteren König Friedrich Wilhelm IV. Die Hochzeit ist jahrelang durch die Forderung Friedrich Wilhelms III. blockiert worden, Elisabeth müsse zunächst zum Protestantismus konvertieren. 1830 wechselt sie schließlich die Konfession. Das bayerische Königshaus ist in solchen Fragen wesentlich toleranter.

1842 heiraten Ludwigs II. Eltern, der bayerische Kronprinz Maximilian und die preußische Prinzessin Marie, Tochter von Friedrich Wilhelm Karl, dem jüngeren Bruder von König Friedrich Wilhelm III. von Preußen. Marie tritt erst als Witwe und aus persönlichen Motiven im Jahr 1874 zum katholischen Glauben über. Die deutschlandpolitischen Wirkungen dieser dynastischen Bindungen darf man nicht überschätzen. Ludwig I. hat sie im Geiste seiner vom Bild der Kulturnation geprägten «Teutschland»-Vorstellungen freilich als familiäre Verknüpfungen des protestantischen Nordens mit dem katholischen Süden sehr gefördert.

Preußens Stellung in Deutschland wird auch durch den 1834

gegründeten Deutschen Zollverein, eine Art ökonomischer Unterorganisation des Deutschen Bundes ohne Österreich, immer stärker. Aber die Revolution von 1848, die Frankfurter Nationalversammlung und der kleindeutsche Reichsverfassungsvorschlag bleiben für die nationale Bewegung erfolglos. In München wird die Kammer der Abgeordneten aufgelöst und der neu berufene Außenminister Ludwig Freiherr von der Pfordten, ein liberal-konservativer fränkischer Protestant mit sächsischer Regierungserfahrung und überzeugter Anhänger der einzelstaatlichen föderalen Souveränitätspolitik sowie des Triasgedankens, übernimmt den von König Maximilian II. erteilten Auftrag, die nationale Bewegung zu zähmen. Die von ihm entwickelten Grundgedanken der deutschen Politik Bayerns bleiben in ihren wesentlichen Teilen bis in die ersten Regierungsjahre Ludwigs II. hinein in München außenpolitische Handlungsgrundlage – bei einem ständig schrumpfenden deutschlandpolitischen Spielraum.

Dem König und seinem Minister – in den Geist einer solchen Außenpolitik ist Ludwig II. hineingewachsen – geht es um die bayerische Souveränität, die Erhaltung des Deutschen Bundes, die Verhinderung eines Bruches zwischen den beiden Großmächten, den Aufbau eines Dritten Deutschland unter bayerischer Führung und um die Befriedigung nationaler Bedürfnisse durch die Förderung einer eher unpolitischen geistigen, kulturell und wissenschaftlich orientierten deutschen Nation.

Ludwigs Vater, Maximilian II., bewundert und beneidet Preußen wegen seiner Gelehrten – von denen er einige als «Nordlichter» nach München beruft –, wegen der wirtschaftlichen Modernisierung, wegen der Stärke der Staatsidee und der unangefochtenen Stellung des Monarchen. Diese Bewunderung führt aber eher dazu, «vom Gegner zu lernen» als zu einer politischen Annäherung. In der Wirtschafts- und Modernisierungspolitik orientiert sich Bayern an Preußen, in der Bundespolitik unterstützt es Österreich.

Bismarck respektiert bereits sehr früh eine gewisse Sonderstellung Bayerns, die man aus strategischen Gründen bei politischen Planungen berücksichtigen müsse. Er spricht von einem «kräftigen, in sich zufriedenen und abgeschlossenen, geographisch und volkstümlich zur Selbständigkeit berufnen Staat» und von einer «Bedeutung Bayerns», die «nicht hinter der anderer europäischer Staaten zurücksteht, welche selbständig in Europa bestehn». 1853 meint er, es könne für die politische Stellung Preußens nicht von Nachteil sein, «wenn wir den bayerischen Großmachtgelüsten von Zeit zu Zeit diejenigen äußerlichen Satisfaktionen gewähren, nach welchen man in München so lüstern ist».

Ambivalent zwischen Neigung und Pflicht verhält sich Ludwig II. auch in der deutschen Frage, die in seinen ersten sechs Regierungsjahren entschieden wird. Die Auswirkungen dieser Entscheidung, die Reichsgründung, das Zusammenwachsen im Reich, die wirtschaftliche Verflechtung, die «Verreichlichung» Bayerns bleiben bis zu seinem Tod politikbestimmend. Ganz in der außenpolitischen Tradition seines Vaters und Großvaters stehend, geht es dem Monarchen von 1864 an darum, die Selbständigkeit und Integrität seines Königreichs zu bewahren und jede Beschränkung seiner Souveränitätsrechte zu verhindern. Nach der Thronbesteigung ruft er Ludwig Freiherrn von der Pfordten, seit 1859 bayerischer Bundestagsgesandter in Frankfurt, wieder an die Spitze von Außenministerium und Ministerrat und betraut ihn mit der Aufgabe, nach Wegen für eine Fortsetzung der Triaspolitik zu suchen.

Von der Pfordtens Vorstellungen laufen unter anderem darauf hinaus, in einer künftigen Bundesreform Preußen den militärischen Oberbefehl in Norddeutschland und Bayern diesen in Süddeutschland zu übertragen, ohne dass Österreich aus dem Bunde ausgeschlossen wird. Von der Pfordten will den Bund erhalten und stärken, da dieser «die geeignete Organisationsform sei, um das Gleichgewicht zu wahren, die Ziele der deutschen Großmächte zu harmonisieren und dadurch dem deutschen Volke, ohne dass es im Innern vergewaltigt würde, eine machtvolle Stellung nach außen zu sichern». Aber im Zusammenhang mit dem schleswig-holsteinischen Konflikt sieht Bismarck die Chance, die preußische Hegemonie in Deutschland mit militärischen Mitteln durchzusetzen. Preußen erklärt nach einer massi-

Generalmajor Freiherr von Pranckh.

Abb. 11: Kriegsminister Sigmund Freiherr von Pranckh, um 1870.

ven diplomatischen Zuspitzung das Ende des Deutschen Bundes und marschiert in Sachsen, Hannover und Kurhessen ein. Eine 50-jährige Friedenszeit in der Mitte Europas geht zu Ende, der Deutsche Krieg beginnt, ohne dass Bayern die Möglichkeit hat, auf diese Entwicklung mäßigend einzuwirken.

In der Proklamation König Ludwigs II. zum Kriegsausbruch 1866 («alle bundesdeutschen Staaten – das mächtige Österreich voraus – sind unsere Kampfgenossen») wird das Kriegsziel erklärt: «die Erhaltung Gesamtdeutschlands als eines freien und mächtigen Ganzen, gekräftigt durch den Bund seiner Fürsten und die nationale Vertretung seiner Stämme». Die beiden süddeutschen Armeekorps werden von Prinz Karl von Bayern (1795–1875), dem 70-jährigen Bruder König Ludwigs I., geführt und sollen den süddeutschen Raum schützen, obgleich Österreich ein Zusammenwirken mit dessen Truppen auf dem böhmischen Kriegsschauplatz wünscht. Lediglich in Unter- und Mittelfranken kommt es bei Kissingen, Helmstadt und Roßbrunn zu Gefechten zwischen der preußischen Armee und bayerischen Truppen, deren strukturelle Schwäche in Verbindung mit erheblichen Ausbildungs- und Ausrüstungsmängeln dabei rasch zu Tage tritt. Am 1. August besetzen preußische Truppen Nürnberg. Ein Blick in die Nachkriegszeit: Der von Ludwig II. am 1. August 1866 berufene Kriegsminister Sigmund Freiherr von Pranckh (1821–1888) leitet nach den Erfahrungen im Krieg von 1866 eine Armeereform ein, durch die Bayerns bewaffnete Macht auf eine völlig neue Grundlage gestellt wird. Obgleich Ludwig II. mehr Distanz als Affinität zu militärischen Fragen, zum Offizierskorps («meine geschorenen Igelköpfe») und zu den Truppen insgesamt hatte – «Ich hasse, ich verachte den Militarismus», sagte er in einem Gespräch mit Felix Dahn im August 1873 auf dem Schachen –, gehört die erfolgreiche Heeresreform der späten 1860er und der 1870er Jahre auf die Habenseite seiner Regierungsbilanz. Die Wehrpflicht wird jetzt konsequent verwirklicht, ein neuer Geist zieht in das Offizierkorps ein, Preußens Armee liefert viele Anregungen, aber beim Kopieren ist man eher vorsichtig und berücksichtigt sorgfältig die ganz anderen gesellschaftlichen, mentalen und wirtschaftlichen Rahmenbedingungen in Bayern.

Zurück zum Deutschen Krieg. In der Entscheidungsschlacht bei Königgrätz wird die Habsburgermonarchie am 3. Juli 1866 vernichtend geschlagen. Am 28. Juli unterzeichnen Preußen und Bayern in Nikolsburg einen Waffenstillstand. Der Berliner Friedensvertrag vom 22. August 1866 – die Friedensverhandlungen waren von Preußen mit den einzelnen Mittelstaaten separat geführt worden – legt Bayern eine Kriegskostenentschädigung von dreißig Millionen Gulden auf. Neben kleineren Gebietsverlusten – das Bezirksamt Gersfeld, das Landgericht Orb und die Exklave Kaulsdorf – muss Bayern außerdem das Ausscheiden Österreichs aus Deutschland und die Gründung des Norddeutschen Bundes unter preußischer Führung anerkennen. Für den Verzicht Preußens auf größere Gebietsabtretungen unterzeichnet Bayern ein geheimes Schutz- und Trutzbündnis. «Es garantieren sich die hohen Kontrahenten gegenseitig die Integrität des

Gebietes ihrer bezüglichen Länder, und verpflichten sich im Falle eines Krieges, ihre volle Kriegsmacht zu diesem Zwecke einander zur Verfügung zu stellen.» Der Oberbefehl auch über die bayerischen Truppen soll im Bündnisfall auf den preußischen König übergehen. Ludwig II. empfindet all das als schmerzlichen Eingriff in die bayerischen Souveränitätsrechte, die zu wahren er als zentrale Verpflichtung ansieht – und in seine Majestätsrechte. Auch die anderen, nach dem Ende des Deutschen Bundes de jure souverän gebliebenen Staaten Baden, Württemberg und Hessen werden durch Schutz- und Trutzbündnisse mit dem Norddeutschen Bund verklammert.

Vom 10. November bis 12. Dezember 1866 bereist der König Franken, also jenen Teil Bayerns, der den Krieg und seine Folgen unmittelbar zu spüren bekommen hatte. Die Fahrt nach Bayreuth, Hof, Bamberg, Bad Kissingen, Aschaffenburg, Würzburg und Nürnberg wird ein wahrer Triumphzug des jungen Monarchen durch eine Region, in der eine besondere Anhänglichkeit an das Haus Wittelsbach nicht unbedingt erwartet werden konnte. Die Hofer Rundschau (14. November 1866) ist davon tief beeindruckt, «wie Seine Majestät der König durch seine Leutseligkeit und Liebenswürdigkeit gegen jedermann, durch seine rasche Auffassung und entschiedene Beurteilung aller Verhältnisse alle Herzen erobert und wie die ganze hiesige Bevölkerung ihren jugendlichen König persönlich so lieb gewonnen hat».

8. Ein Staatenbund zur Rettung Bayerns?

Nicht zuletzt auf Betreiben seines preußischen Kontrahenten Bismarck hat König Ludwig II. von der Pfordten am 31. Dezember 1866 durch den national-liberalen Fürsten Chlodwig zu Hohenlohe-Schillingsfürst (1819–1901) ersetzt. Von der Pfordten hat nach dem verlorenen Krieg auch das Vertrauen des Königs verloren, dessen Verhältnis zu dem großdeutsch und preußenkritisch denkenden Staatsmann seit längerem gestört ist. Ende 1865 hat Pfordten die Entfernung Richard Wagners aus München verlangt. Der neue bayerische Außenminister und Vorsitzende des Ministerrats vertritt trotz seiner preußenfreundlichen und kleindeutschen Grundhaltung, den Weisungen seines Königs folgend, eine «offene Politik» mit den Schwerpunkten: Erhaltung der bayerischen Souveränitätsrechte, Einigung mit den süd- bzw. südwestdeutschen Staaten, Verhandlungen der süddeutschen Staaten mit dem Norddeutschen Bund unter Wahrung der Möglichkeit einer Allianz mit Österreich. Dass Hohenlohes Aktivitäten manchmal die klare Linie und der nötige Druck fehlen, war eine Folge der letztlich nicht deckungsgleichen politischen Grundpositionen des Königs und seines wichtigsten Ministers.

Am 8. Oktober 1867 erläutert Hohenlohe-Schillingsfürst die bayerische, vom König vorgegebene deutschlandpolitische Position den Abgeordneten des Landtags: «Wir wollen nicht den Eintritt Bayerns in den Norddeutschen Bund; wir wollen kein Verfassungsbündnis der süddeutschen Staaten unter der Führung Österreichs; wir wollen keinen südwestdeutschen Bundesstaat, der für sich abgeschlossen wäre oder sich gar an eine nichtdeutsche Macht anlehnte; wir wollen ebenso wenig eine Großmachtpolitik und glauben nicht, dass Bayern in einer Vermittlerrolle das Endziel seiner Politik zu suchen hat. Das ist es, was wir nicht wollen. Was wir aber wollen, und was wir auch ferner anstreben werden, ist die nationale Verbindung der süddeutschen Staaten mit dem Norddeutschen Bunde und damit die Einigung des zur Zeit getrennten Deutschlands in Form eines Staatenbundes.» Die Rede Hohenlohes wird allen bayerischen Gesandten zugeleitet, damit diese die Ziele Ludwigs II. den auswärtigen Regierungen erläutern können.

Nach einem dem König vorgelegten Bericht über die Lage der süddeutschen Staaten vom 23. September 1867 – im Juli war der Zollverein neu errichtet und der Süden damit wirtschaftlich in den Norddeutschen Bund integriert worden – billigt König Ludwig II. in einem längeren, von ihm persönlich formulierten und niedergeschriebenen Signat ausdrücklich Vorschläge Hohenlohes, Sondierungen für einen möglichen süddeutschen Staatenverein einzuleiten: «Ich bin wegen der Unabhängigkeit meiner Krone und wegen der Selbständigkeit des Landes sehr besorgt. Deshalb habe ich Sie zu einer Darstellung der politischen Lage veranlasst. Es gibt Mir nun Ihr Bericht doch einige Beruhigung, da Ich hieraus wahrnehme, dass es Ihnen gelingen werde, die drohenden Gefahren durch Bildung eines süddeutschen Staatenvereins abzuwehren. Ich spreche Ihnen für Ihre Tätigkeit gerne Meinen Dank und Meine Anerkennung aus und bin auch mit den von Ihnen vorgeschlagenen Schritten einverstanden. Da diese Angelegenheit Meine Aufmerksamkeit unausgesetzt in Anspruch nimmt, so sind Mir Ihre Berichte ganz genehm.»

Die Bildung eines Süddeutschen Bundes mit Bayern, Baden, Württemberg und Hessen neben dem unter Preußens Protektorat stehenden Norddeutschen Bund ist nach dem Krieg von 1866 und dem Ende des Deutschen Bundes zwar eine nahe liegende Idee, aber diese war bereits 1867 nur mehr eine Illusion. Der Zollverein, die auf Zuwachs ausgerichtete Verfassungskonstruktion des Norddeutschen Bundes, die Schutz- und Trutzbündnisse, eine aus Angst vor bayerischer Hegemonie ablehnende Haltung von Baden und Württemberg und vor allem Bismarcks klare Zielvorstellungen haben dem Weg zur kleindeutschen Reichsgründung den Charakter der Zwangsläufigkeit gegeben. Im Süden Deutschlands, vor allem auch im Königreich Bayern kommt hinzu, dass die kleindeutsche Partei, die im Wirtschaftsbürgertum und unter den liberalkonservativen Beamten spätestens seit den 1860er Jahren viele Anhänger hat, durch die militärischen Erfolge Preußens sehr gestärkt worden ist. Regionale Schwerpunkte bilden hier Schwaben und Franken. In einer breiten Öffentlichkeit werden die Forderungen nach einer Vollendung der nationalen Einheit unter bayerischer Teilnahme immer lauter. Auch die Mehrheit der bayerischen Minister ist davon überzeugt, dass eine dauerhafte Verbindung der süddeutschen Staaten mit dem Norddeutschen Bund unvermeidlich sei. Dem Rat Bismarcks nicht folgend, entspricht der König nach längerem Zögern dem Entlassungsgesuch Hohenlohes (8. März 1870), der sich nach den für die Patriotenpartei erfolgreichen zwei Landtagswahlen des Jahres 1869 einem starken parlamentarischen Druck ausgesetzt sieht.

9. Die Gründung des Deutschen Reichs
1870 und 1871

Nach der von Bismarck provozierten Kriegserklärung Frankreichs vom 19. Juli 1870 an den Norddeutschen Bund beginnt der Deutsch-Französische Krieg, die letzte Etappe auf dem Weg zur kleindeutschen Lösung der nationalen Frage, zum deutschen Kaiserreich. Im preußisch-französischen Konflikt tritt König Ludwig II., nach anscheinend kontroversen Erörterungen im Ministerrat am 14. Juli, die am 15. Juli dann doch in ein einmütiges Votum dieses Gremiums münden, eindeutig auf die preußische Seite und erteilt am 16. Juli 1870 von Schloss Berg aus den Befehl zur Mobilmachung. Dieser Entschluss erwächst offensichtlich einerseits aus der Befürchtung, nach einem Krieg, an dem sich das Königreich Bayern nicht beteiligt hat, abermals Souveränitätsrechte zu verlieren, andererseits aus der schmerzlichen Einsicht in eine nicht umkehrbare politische Entwicklung, der man nur durch aktives Mitwirken eine aus bayerischer Sicht annehmbare Wendung geben könne. «Gehen wir mit Preußen und gewinnt dieses den Krieg, so ist Preußen gezwungen, den Bestand Bayerns zu achten. Unterliegt Preußen, so verlieren wir vielleicht die Pfalz, aber mehr kann uns nicht geschehen, denn Frankreich muss die Selbständigkeit der deutschen Einzelstaaten immer begünstigen; das Gleiche tritt ein, wenn wir neutral geblieben sind und Frankreich siegt. Siegt aber Preußen, obwohl wir es gegen den Vertrag im Stich gelassen haben, dann erwartet uns das Schicksal Hannovers. Es wäre finis Bavariae.» (Bray-Steinburg)

Da die Mehrheit in der Kammer der Abgeordneten, die Patriotenpartei, in dieser Frage uneins ist, muss der König den Landtag nicht auflösen. Nach den großen militärischen Erfolgen der vereinten deutschen Armeen in Frankreich (Sedan) führt Bismarck überlegt und sensibel die weiteren Verhandlungen mit

Abb. 12: Schloss Berg, Frontseite und Schlafzimmer des Königs,
um 1880 (Foto Josef Albert).

den süddeutschen Staaten, wobei König Ludwig II. und Bayern in seinem Kalkül eine Schlüsselstellung einnehmen. Sein Plan, die Einigungsverhandlungen im Rahmen einer Fürstenkonferenz in Versailles abzuschließen, scheitert am Widerstand Ludwigs II. So werden die vier süddeutschen Regierungen zu Ministerkonferenzen nach Frankreich eingeladen. Bei den Bündnisverhandlungen, die für Bayern der von Ludwig II. am 8. März 1870 zum Außenminister berufene bisherige bayerische Gesandte in Wien, Otto Graf von Bray-Steinburg (1807–1899), zusammen mit den Ministern Lutz und Pranckh führt – Ludwig II. folgt einer Einladung Bismarcks nach Fontainebleau nicht –, tritt des Königs Zielsetzung, Gründung eines Südbundes und dessen lockere Vereinigung mit dem Norddeutschen Bund, rasch hinter den Beitritt Bayerns zum Norddeutschen Bund zurück. Aus diesem soll nach dem Beitritt aller süddeutschen Staaten ein neuer Deutscher Bund mit der angepassten Verfassung des Norddeutschen Bundes werden. Auch Ludwigs Vorschlag, das deutsche Kaisertum zwischen den Wittelsbachern und den Hohenzollern alternieren zu lassen, wird nicht weiterverfolgt.

Eine allgemeine nationale Begeisterung in der Bevölkerung und die von Preußen ferngesteuerte Presse tun das ihrige. Am 23. November 1870 wird in Versailles der Vertrag paraphiert. «Die Staaten des Norddeutschen Bundes und das Königreich Bayern schließen einen ewigen Bund, welchem das Großherzogtum Baden und das Großherzogtum Hessen für dessen südlich vom Main gelegenes Staatsgebiet schon beigetreten sind und zu welchem der Beitritt des Königreichs Württemberg in Aussicht steht. Dieser Bund heißt der Deutsche Bund.» (Art. I) Am 7. Dezember 1870 hat Ludwig II. das Vertragswerk ratifiziert. Über seine Empfindungen schreibt der König im März 1871 in einem Brief an Therese Freifrau von Gasser, eine ehemalige Hofdame seiner Mutter: «Ich kenne Ihr und Ihres Gatten bayrisches Herz und bin überzeugt, dass es oft gleich dem meinen bluten wird über so tief Bedauernswertes, welches die Gestaltung des neu entstandenen deutschen Reiches mit sich bringt. Wehe, dass gerade ich zu solcher Zeit König sein musste, selbst genötigt war und gerade im bayrischen Interesse, jene schmerzlichen Opfer zu bringen. (...) Ich habe seit dem Abschluss jener unseligen Verträge selten frohe Stunden, bin traurig und verstimmt, was bei allem, was ich durch die politischen Vorkommnisse zu dulden und zu leiden habe, nicht anders sein kann. – Dazu kommt, dass ich als der ‹deutschgesinnte König Ludwig, der Deutsche› – und wie jene Phrasen alle heißen, verschrien werde; die verblendete Volksmasse meint mir die größte Freude mit solchen sogenannten Huldigungen zu machen.»

Die von Bismarck gewünschte Wiedergeburt des deutschen Kaisertums – der Name des Staates wird im Dezember 1870 von «Deutscher Bund» in «Deutsches Reich» geändert – ist ohne Mitwirkung der süddeutschen Staaten und in erster Linie Ludwigs II. nicht möglich. Geheimverhandlungen seit September 1870 stoßen im Haus Wittelsbach, vor allem bei Ludwigs Bruder Otto, auf Widerstand. «(...) ich beschwöre Dich», schreibt dieser an den König, «das Schreckliche nicht zu tun! Wie kann es denn für einen Herrn und König eine zwingende Gewalt geben, seine Selbstständigkeit dahin zu geben und außer Gott noch einen Höheren über sich anerkennen zu müssen! Wird der Name Bayern noch geachtet, nur noch genannt werden im Ausland? Mögen wir auch für den jetzigen Augenblick Vorteile und Zugeständnisse erlangen, die vielleicht von großem Umfang sind, so wiegen sie doch gewiss nicht den hundertsten Teil von jenem Nachteil auf, den wir mit der Dahingebung der Selbständigkeit erleiden.»

Dennoch schreibt und unterschreibt Ludwig schließlich den von Bismarck entworfenen und von Bray-Steinburg umformulierten «Kaiserbrief», mit welchem namens der deutschen Bundesfürsten dem preußischen König Wilhelm I. der Kaisertitel angetragen wird. Noch am 30. November 1870 wird das Schreiben über den Oberststallmeister Max Graf von Holnstein (1835–1895) weitergeleitet. Prinz Luitpold von Bayern übergibt den Brief am 3. Dezember im Hauptquartier in Versailles an den preußischen König Wilhelm I.

Holnstein hat im Auftrag des bayerischen Königs mehrmals mit Bismarck über königliche Gebiets- und Geldwünsche zu verhandeln. Der preußische Gesandte von Werthern informiert

Bismarck am 19. November 1870 über die zu vermutenden Hintergründe: «Der König von Bayern ist durch Bauten und Theater in große Geldverlegenheit geraten. Sechs Millionen würden ihm sehr angenehm sein, vorausgesetzt, dass die Minister es nicht erfahren. Für diese Summe würde er sich auch zur Kaiser-Proclamation und Reise nach Versailles entschließen. Zweck der Reise des Grafen Holnstein ist mit Ew. Excellenz hierüber zu sprechen, doch bitte ich gehorsamst, dem Grafen diese Mitteilung zu verschweigen.»

Sind die preußischen Zahlungen aus dem Welfenfonds, die seit 1871 und bis 1886 in einem Gesamtumfang von rund fünf Millionen Mark über Schweizer Banken in die Privatschatulle des Königs fließen, ursächlich für den Vertragsabschluss in Versailles und die Unterzeichnung des Kaiserbriefes? Nicht erst seit jüngeren Forschungen, die neue Quellen aus dem Nachlass von Wertherns heranziehen konnten, sind Zusammenhänge unbestreitbar, aber die Behauptung, das preußische Geld habe die Novemberverträge (Beitrittsvertrag, Schlussprotokoll, Geheime Verabredung zwischen Preußen und Bayern) und den Kaiserbrief bewirkt, lässt sich aus den vorhandenen Quellen nicht zweifelsfrei belegen. Auf jeden Fall aber wird man davon ausgehen dürfen, dass die politischen Ansätze und Motive bei Bismarck und bei Ludwig ganz im Vordergrund standen. Erst in jüngster Zeit konnte Rupert Hacker mit bisher unbekannten Quellen nachweisen, dass bindende finanzielle Zusagen Bismarcks erst im Frühjahr 1871, also gleichsam als «Trost Ludwigs» gemacht worden sind.

Am 30. Oktober 1870 legt Professor Johannes Huber, der Gesprächspartner des Königs aus den ersten Regierungstagen, Ludwig II. ein Gutachten zur «Reichsgründung» vor, in dem er ausführlich begründet, warum ein föderales Reich nur erhalten werden könne, wenn der König unverzüglich die Initiative ergreife, um dem König von Preußen die deutsche Kaiserkrone anzubieten. Vom Sturmschritt der nationalen Erhebung, die über alles hinwegzugehen drohe, ist ebenso die Rede wie von günstigen Auswirkungen auf die Versailler Verhandlungen und von einer durch den deutschen Kaisertitel zu erwartenden

Schwächung Preußens. Es handle sich um einen einzigartigen welthistorischen Moment, den Ludwig nützen müsse, um als Retter des Königreichs Bayern und als derjenige, der die alte Idee von Kaiser und Reich neu belebt habe, unsterblich in die Geschichte einzugehen. «Die Parteigänger für den zentralisierten Einheitsstaat und die Gegner jedes partikulären Fürstentums und Volkstums in Deutschland werden in dem Grade ohnmächtiger, als die deutschen Fürsten durch die Tat beweisen, dass sie der dem deutschen Volke entsprechenden Einigung nicht nur nicht widerstreben, sondern sie im Gegenteil selbst fördern.»

Ob diese ideologische Überhöhung mit ihren erkennbaren Mängeln in der strategischen Gedankenführung Ludwig überzeugt hat oder ob er sich mehr der normativen Kraft des Faktischen beugt, muss offenbleiben. Ganz wirkungsvoll wird das enthusiastische Plädoyer Hubers nicht gewesen sein. Denn der König steht der alten, mittelalterlich-frühneuzeitlichen Reichsidee – vielleicht sogar mit einem europäischen Aspekt – positiv gegenüber. Was die «Sachzwänge» betrifft, so schreibt er an seinen Bruder Otto: «Könnte Bayern allein, frei vom Bunde stehen, dann wäre es gleichgültig, da dies aber geradezu eine politische Unmöglichkeit wäre, da Volk und Armee sich dagegen stemmen würden und die Krone mithin allen Halt im Land verlöre, so ist es, so schauderhaft und entsetzlich es immerhin bleibt, ein Akt von politischer Klugheit, ja von Notwendigkeit im Interesse der Krone und des Landes, wenn der König von Bayern jenes Anerbieten stellt.» Angesichts der objektiven Verhältnisse geht es Ludwig vor allem um die die Stellung Bayerns stärkenden «Konzessionen» in der Verfassungskonstruktion und um territorialen Zugewinn, der freilich nicht erreicht werden kann.

Dennoch sei an dieser Stelle darauf hingewiesen, dass die Verbindung von Geld und politischen Entscheidungen, Korruption aus der Sicht des heutigen Rechtsstaates, eine lange geschichtliche Tradition hat. Aus dem Ancien Régime ist sie über die mit einem unvorstellbaren Maß an persönlichen Zuwendungen verbundenen Entschädigungsverhandlungen der napoleonischen Zeit ins 19. Jahrhundert übernommen worden. Maximilian

Abb. 13: Einzug der bayerischen Truppen am 16. Juli 1871 in München.

Freiherr (ab 1809 Graf) von Montgelas, Bayerns leitender Minister zwischen 1799 und 1817, hat bis 1802, also noch bevor das große Geld zu fließen begann, bereits eine Million Gulden für direkte Zuwendungen und Geschenke an französische Beamte aufgewendet. Korruption war, jedenfalls in vorkonstitutioneller Zeit – und Ludwig denkt oft vorkonstitutionell –, ein wichtiger Politik- und Wirtschaftsfaktor.

Die Bismarcksche Verfassungskonstruktion als freiwilliger Zusammenschluss der zweiundzwanzig deutschen Fürsten und drei freien Städte sichert die föderative und monarchische Ordnung des Reichs als Bundesstaat und schließt eine unitarische Entwicklung ebenso aus wie das parlamentarische Regierungssystem. Allerdings gehen wesentliche Souveränitätsrechte (Außenpolitik, Bündnisrecht, Entscheidung über Krieg und Frieden) auf das Reich über. Wichtigstes Verfassungsorgan ist der Bundesrat.

Die in den Novemberverträgen von 1870 von Bismarck überlegt und mit großer Sensibilität eingeräumten bayerischen Reservat- und Sonderrechte geben dem Königreich Ludwigs im Deutschen Reich eine deutliche Sonderstellung. Die bayerische Armee bleibt ein selbständiger, in sich geschlossener Truppenkörper unter dem Befehl des bayerischen Königs. Die Militärhoheit in Friedenszeiten tritt erst in einem Kriegsfall zugunsten des kaiserlichen Oberbefehls teilweise zurück. Das Königreich Bayern behält seine eigene Eisenbahn, eine weitgehende Unabhängigkeit der Post und des Telegraphenwesens, die Besteuerung von Bier und Branntwein, ein eigenes Immobilienversicherungs-, Heimat-, Niederlassungs- und Verehelichungsrecht, den stellvertretenden Vorsitz im Bundesrat und einen ständigen Sitz im Ausschuss für das Landheer. Die Einrichtung eines ständigen Bundesratsausschusses für auswärtige Angelegenheiten unter bayerischem Vorsitz hat in der späteren Praxis nur wenig Bedeutung. Die diplomatischen Vertreter Bayerns haben das Recht, die Gesandten des Reichs im Abwesenheitsfall zu vertreten. In einem Geheimabkommen erhält Bayern zudem das Recht, bei Friedensverhandlungen nach einem Bundeskrieg durch einen Bevollmächtigten vertreten zu sein. Außerdem verzichtet Preußen auf alle Ansprüche auf die Kunstschätze der ehemaligen Düsseldorfer Galerie, die es sich im Friedensvertrag vom 22. August 1866 hatte zugestehen lassen.

Wie alle anderen Staaten des Deutschen Reichs behält Bayern die direkten Steuern, die Zuständigkeit für Verfassungs- und Verwaltungsrecht, Kommunalrecht, Polizeirecht, Staatskirchenrecht und das Kreditwesen sowie eine umfassende Kulturhoheit (u. a. die Schulen, Universitäten und den Denkmalschutz betreffend). Im Zusammenhang mit der neuen Reichsgerichtsverfassung (1877/1879) gelingt es Bayern, ein eigenes Oberstes Landesgericht neben dem Reichsgericht in Leipzig durchzusetzen (clausula bavarica).

Trotz aller Zugeständnisse bedeutet die Reichsgründung für Bayern und seinen König eine deutliche Beschränkung der Souveränität, den Verlust der staatsrechtlichen Unabhängigkeit, eine Mediatisierung der Monarchie der Wittelsbacher zugunsten einer Vorherrschaft der Hohenzollern. Aus dem Deutschen Bund ist Preußen-Deutschland geworden. Für Ludwig II. wird diese Einsicht zum Trauma, und auch im Landtag werden die neuen Verhältnisse klar erkannt. Dennoch stimmt dieser den Verträgen am 21. Januar 1871 zu, drei Tage nach der Kaiserproklamation in Versailles, an der der bayerische König nicht teilnimmt. Wieder war die Fraktion der Patriotenpartei gespalten. Am 30. Januar setzt der bayerische König die Verträge rückwirkend zum 1. Januar 1871 in Kraft.

Auch wenn man die Bismarcksche Reichsgründung und den damit verbundenen Verlust der bayerischen Souveränität bedauert, wäre es sicher zu einfach, Ludwig II. politisches Versagen in einer entscheidenden Phase der bayerischen und deutschen Geschichte vorzuwerfen. Es ist schwer vorstellbar, wie ein erfahrenerer und durchsetzungsstärkerer Herrscher, beispielsweise eine Persönlichkeit wie Ludwigs Großvater König Ludwig I. oder auch sein Vater Maximilian II., einen anderen Weg hätte gehen können. Ludwigs II. Reue über den Kaiserbrief und seine Versuche, das Geschehene rückgängig zu machen, sind mehr Ausdruck seines ambivalenten Naturells als Zeichen echter Handlungsoptionen. Die politischen, gesellschaftlichen, wirtschaftlichen und geistigen Kraftlinien der Zeit zielen so eindeutig in jene von Bismarck angestrebte Richtung, dass ein Schwimmen gegen den Strom einen vermutlich noch größeren Schaden zur Folge gehabt hätte. Und bei nüchterner Betrachtung sind die bei Bayern nach harten Verhandlungen verbliebenen Rechte so gering auch wieder nicht. Jedenfalls blicken bayerische Politiker, Staatsrechtslehrer und Spitzenbeamte in der Zeit der Weimarer Republik (1919–1933) mit Sehnsucht zurück auf die Verfassungskonstruktion des Deutschen Reichs von 1871.

10. Bismarck, die Hohenzollern und das Deutsche Reich

Die Kontakte zu Otto von Bismarck gehören zu den jahrzehntelangen Konstanten in Ludwigs Leben. Persönlich sind sich beide allerdings nur einmal begegnet, im August 1863 und damit vor Ludwigs Regierungsantritt. In Bismarcks «Gedanken und Erinnerungen» wird dieses Zusammentreffen festgehalten: «Auf dem Weg von Gastein nach Baden-Baden berührten wir München (...) Bei den regelmäßigen Mahlzeiten, welche wir während des Aufenthalts in Nymphenburg, 16. und 17. August 1863, einnahmen, war der Kronprinz, später König Ludwig II., der seiner Mutter gegenübersaß, mein Nachbar. Ich hatte den Eindruck, dass er mit seinen Gedanken nicht bei der Tafel war und sich nur ab und zu seiner Absicht erinnerte, mit mir eine Unterhaltung zu führen, die aus dem Gebiet der üblichen Hofgespräche nicht heraus ging. Gleichwohl glaubte ich in dem, was er sagte, eine begabte Lebhaftigkeit und einen von seiner Zukunft erfüllten Sinn zu erkennen. (...) In den Pausen des Gesprächs blickte er über seine Frau Mutter hinweg an die Decke und leerte ab und zu hastig sein Champagnerglas (...) Er hat weder damals noch später die Mäßigkeit im Trinken überschritten, ich hatte jedoch das Gefühl, dass die Umgebung ihn langweilte (...) Der Eindruck, den er mir machte, war ein sympathischer, obschon ich mir mit einiger Verdrießlichkeit sagen musste, dass mein Bestreben, ihn als Tischnachbarn angenehm zu unterhalten, unfruchtbar blieb.»

Bismarck betont, dass er mit dem König bis zu dessen Lebensende in günstigen Beziehungen und einem verhältnismäßig regen Briefwechsel geblieben sei. Er habe dabei zu jeder Zeit von ihm «den Eindruck eines geschäftlich klaren Regenten von national deutscher Gesinnung gehabt, wenn auch mit vorwiegender Sorge für die Erhaltung des föderativen Prinzips der

Reichsverfassung und der verfassungsmäßigen Privilegien seines Landes.»

Nach 1870 wird Bismarck nicht müde, in dem lockeren, gleichermaßen von politischer Motivation und persönlicher Neigung getragenen Schriftwechsel immer wieder die zentrale Mitwirkungsrolle des bayerischen Königs bei der Reichsgründung dankbar zu erwähnen. In den Briefen geht es, neben oft ausführlichen Analysen der politischen Lage, regelmäßig um die nationale Erhebung von 1870, das Problem von Föderalismus und Unitarismus im Reich, die bayerischen Reservat- und Sonderrechte, den Verfassungsrang der deutschen Dynastien gegenüber den Parlamenten und die Gefahren einer Parlamentarisierung.

Dieser vielfach von der Erörterung politischer Theorien bestimmte schriftliche Meinungsaustausch vermittelt den Eindruck, als sähe der bayerische Monarch in dem preußischen Staatsmann oft weniger den geistigen Urheber und Motor der Reichsgründung, den Preußen-Deutschen, der größtes Interesse an reichsfreundlicher bayerischer Politik hat, als vielmehr einen vaterähnlichen politischen Berater, dem er mit Offenheit und Vertrauen begegnet. «Ich danke Ihnen von ganzem Herzen für die erprobte anhängliche Gesinnung, welche mir und meinem Lande von so hohem Werte ist und auf welche ich wie bisher, so fürderhin mein aufrichtiges Vertrauen setze.» (1. September 1880) Auch Bismarck bringt dem König großes Wohlwollen entgegen. In wiederholten Äußerungen betont er seine Hochschätzung des bayerischen Monarchen, der ebenso liebenswürdig gegen seine Person wie geistreich bei konkreten Gesprächsthemen sei, wenn es auch «plötzliche und grelle Stimmungswechsel» gäbe. «Nach dem schriftlichen Verkehr, den er mit mir pflog, konnte ich ihn durchaus nicht für geisteskrank halten, ganz gewiss nicht. Ich erfuhr davon erst aus den Zeitungen.»(1890) Der von Bismarck angesprochene «Stimmungswechsel» wird beispielsweise im März 1885 spürbar, als das Kriegsministerium beim König anfragt, ob bayerische Offiziere an Feierlichkeiten zum 70. Geburtstag des Reichskanzlers, die von privaten Komitees veranstaltet werden, teilnehmen dürfen.

Ziemlich erregt erteilt Ludwig II. den Befehl: «Es ist Mein Wille, dass die Offiziere die Beteiligung an den fraglichen Festlichkeiten tunlichst vermeiden.» Dabei unterstreicht er das Wort «vermeiden» und versieht es mit vier Ausrufezeichen. Im Hintergrund stehen wohl unerfüllt gebliebene finanzielle Hoffnungen Ludwigs.

Denn in den Beziehungen von Bismarck und Ludwig spielt immer auch Geld eine Rolle. Jährlich kommen aus Preußen 300 000 Mark, 1884 zusätzlich eine Million, um Ludwig aus finanzieller Not zu helfen. Letztlich geht es dann nur mehr um die königlichen Schulden und die Möglichkeiten ihrer Deckung. In einem Schreiben vom 14. April 1886, zwei Monate vor dem Tod des Königs, weiß sich Bismarck keinen anderen Ausweg mehr als die Einschaltung des Landtags. «Der Wunsch Eurer Majestät, das Begonnene zu vollenden, wird auf keinem andern Wege als durch den Landtag erfüllbar sein. (...) Nur die Stände Bayerns bedürfen einmal keiner Sicherheit und dann werden sie selbst ein Interesse daran empfinden, dass die von Eurer Majestät zur Zierde des Landes begonnenen Bauten nicht dem Verfall, sondern der Vollendung entgegengeführt werden.»

Otto von Bismarck, Richard Wagner, auch Johannes Huber: Die Strukturen der Beziehungen Ludwigs zu diesen Vaterfiguren ähneln sich sehr.

Trotz der Bismarckschen Versicherungen zum Verfassungsrecht kann Ludwig einen fortschreitenden Macht- und Souveränitätsschwund in der Verfassungswirklichkeit nicht übersehen. Die Freiheit vom Reich ist zwar formal gesichert, aber begrenzt; eine erwähnenswerte Macht im Reich gibt es nicht. Allein aus wirtschaftlichen Gründen ist eine stärkere Abkehr vom Reich, das ja auch ein Zollverband ist, aussichtslos. In zahlreichen Mandaten Ludwigs II. zur Reichssymbolik, zum Reichsrecht, zum Reichsgericht oder zum kaiserlichen Militärinspektionsrecht – um nur einige Beispiele zu nennen – schafft sich ein ständiger Leidensdruck zeitweilig Entlastung. Als der preußische Kronprinz Friedrich, Ludwig zutiefst verhasst, den bayerischen Militär-Max-Joseph-Orden erhalten soll, verweigert Ludwig seine Unterschrift, weil das Dekret neben dem bayerischen

Abb. 14: König Ludwig II., um 1882 (Foto).

Wappen das preußische Eiserne Kreuz zeigt. Es muss ein anderes Dekret angefertigt werden.

Über die Feier des 80. Geburtstages Kaiser Wilhelms I. am 22. März 1877 in München lässt sich Ludwig vom Münchner Polizeidirektor am nächsten Tag minutiös berichten. Befriedigt kann er zur Kenntnis nehmen, dass von 10 000 Häusern nur 400 beflaggt waren, die meisten mit bayerischen Farben, dass man dafür gesorgt hat, dass eine kommunale Glückwunschadresse nicht von einer Deputation überreicht, sondern nur per Post nach Berlin gesandt wird. Der erste Toast beim Festdiner im Bayerischen Hof – so Max Freiherr von Feilitzsch (1834–1913) an den Monarchen, dessen Innenminister er ab Juli 1881 sein wird – wurde auf den bayerischen König ausgebracht und war «sowohl dem Inhalte als dem Vortrage nach sehr gelungen und fand enthusiastischen Widerhall bei allen Anwesenden.» Der darauf folgende Toast auf den deutschen Kaiser sei dagegen sehr trocken und formell nicht gelungen gewesen. «Der Bericht, welchen der kgl. Preußische Gesandte nach Berlin über den Verlauf der Festfeier zu erstatten haben wird, dürfte sehr mager ausfallen und in dem Gedanken gipfeln, dass die Einwohnerschaft von München treu zu ihrem Könige und Herrn hält, dass dieselbe glücklich ist, bayerisch zu sein, und dass erst in zweiter Linie die Gefühle für den König von Preußen als deutscher Kaiser einigermaßen zum Ausdrucke kommen.» Das will der König hören.

An diesen Bericht erinnert sich Ludwig II. vielleicht, als er im Spätsommer des gleichen Jahres seinem Schweizer Briefpartner Friedrich Schreiber mitteilt: «Die Partei der Deutschtümler in den Gauen des weiteren und engeren Vaterlandes, welche die erste Zeit nach dem Feldzuge ihr Haupt so übermütig hochtrug, die so gefährliche Partei, welche den Einheitsstaat anstrebt, die Eigentümlichkeit der einzelnen Stämme nicht respektieren will und die wohlberechtigte Existenz der einzelnen deutschen Staaten immer mehr und mehr zu unterminieren und zu erschüttern drohte, hat gottlob in den letzten Jahren an Macht verloren, da die besseren Elemente sich immer mehr zusammenscharen und treu zu ihrem angestammten Fürsten stehen. In diesem Punkte kann Ich beruhigter in die Zukunft sehen, wenn auch noch nicht alle Sorgen geschwunden und Vieles anders zu wünschen wäre.»

Trotzdem wächst in der bayerischen Bevölkerung allmählich das Bewusstsein, einem gemeinsamen deutschen Reich anzugehören, bei den Soldaten und Offizieren schneller als bei den Bauern, in Franken und Schwaben schneller als in Niederbayern oder der Oberpfalz. Zur Beschleunigung tragen viele Neuerungen bei, die das Leben der Menschen unmittelbar betreffen. Die Geldwährung wird auf Mark und Pfennig umgestellt, Bayerns traditionelle Gulden und Kreuzer verschwinden. Als einheitliches Maß gilt nunmehr der Meter und als Flächenmaß Quadratmeter, Ar und Hektar. Gewichtseinheit wird das Kilogramm. Das Reich ist zuständig für das Strafrecht, das Obligationen-, Handels- und Wechselrecht, das gerichtliche Verfahren und (ab 1873) das gesamte bürgerliche Recht. Auf dieser Grundlage treten 1872 das Reichsstrafgesetzbuch, 1877 die Reichszivilprozessordnung und das Gerichtsverfassungsrecht sowie 1879 die Reichsstrafprozessordnung in Kraft. Das Bürgerliche Gesetzbuch folgt allerdings erst 14 Jahre nach dem Tod Ludwigs, im Jahr 1900. Der fortschreitenden «Verreichlichung» begegnet der bayerische König immer wieder mit Hinweisen auf die föderale Verfassungsstruktur Deutschlands. So, wenn er Bismarck am 10. August 1881 seine vertrauensvolle Überzeugung mitteilt, «dass Sie, mein lieber Fürst, bei der Durchführung Ihrer großen Ideen von dem föderativen Prinzip ausgehen, auf welchem das Reich und die Selbstständigkeit der Einzelstaaten bestehen».

II. Politik in Bayern nach der Reichsgründung

«Die bayerische Innenpolitik und Reichspolitik der siebziger und achtziger Jahre war durch die Tatsache gekennzeichnet, dass ein weltanschaulich liberales, politisch staatskonservatives, reichsfreundlich und staatskirchlich orientiertes Staatsministerium fortgesetzt gegen eine konservative, betont bayerisch-eigenstaatlich und katholisch bestimmte Mehrheit der Kammer der Abgeordneten regierte; (...) dass das Ministerium trotz fortgesetzter Attacken durch die Kammermehrheit keine Veranlassung zu größeren Zugeständnissen oder gar zum Rücktritt sah, weil es in seinen Handlungen und seiner Existenz fortwährend vom Monarchen gedeckt wurde.» (Dieter Albrecht)

Im Bereich der Spitzenstellungen betreibt Ludwig II. eine intensive Personalpolitik. Nicht nur seine Kabinettssekretäre wechselt er vergleichsweise häufig aus, sondern auch die Vorsitzenden im Ministerrat bzw. Minister des königlichen Hauses und des Äußern. Sechsmal bildet der König die Regierung um: Ludwig Freiherr von der Pfordten (1864–1866), Chlodwig Fürst zu Hohenlohe-Schillingsfürst (1866–1870), Otto Graf von Bray-Steinburg (1870–1871), Friedrich Graf von Hegnenberg-Dux (1871–1872), Adolph von Pfretzschner (1872–1880), Johann Freiherr von Lutz (1880–1890). Bei Letzterem verhindert die Entmündigung des Königs eine Entlassung. Trotz des Personenwechsels wird immer die Linie weltanschaulicher Liberalität, konfessioneller Neutralität, staatskirchlicher Orientierung und meist kleindeutsch-föderalistischer Programmatik beibehalten. Doch mindestens dreimal lassen sich mehr oder weniger konsequente Vorbereitungen eines grundsätzlichen politischen Richtungswechsels beobachten.

Da ist zunächst die bereits angesprochene Berufung des gemäßigt liberalen und eher großdeutschen, aber doch mit Bismarck in Verbindung stehenden Grafen von Bray-Steinburg, dann in der

Krise des Jahres 1872 nach dem Tod des Grafen Hegnenberg-Dux der Versuch des Königs, mit dem Diplomaten Rudolf Freiherr von Gasser einen gemäßigten Systemwechsel einzuleiten und einer liberalen und zugleich betont bayerischen Linie zum Durchbruch zu verhelfen; ein Versuch, der am preußischen Widerstand und am Rücktritt aller Minister scheitert. 1875 schließlich will Ludwig II. – abermals sind Wahlen – den patriotischen Politiker Georg Arbogast Freiherr von und zu Franckenstein bzw. den diesem nahe stehenden Gasser mit der Bildung einer konservativen Regierung beauftragen. Franckenstein lehnt ab, weil er befürchtet, in Preußen werde man seine Regierung als Beginn einer systematischen Opposition gegen die Reichsregierung ansehen «und willkommene Veranlassung dafür gegeben erachten, eine ausgesprochen feindliche Stellung gegen Bayern einzunehmen».

Konservativ heißt für den König, ausgeprägt föderalistisch zu sein, eigenständig in Politik und Kultur. Eine massive Wahlkreismanipulation sichert den Liberalen eine annehmbare Zahl an Mandaten – 76 gegenüber 79 der Patrioten, obwohl diese eine Million Stimmen mehr erhalten – und erleichtert Ludwig das Nichthandeln. Darüber hinaus ist Preußen in Bayern höchst aktiv, und Kabinettssekretär Friedrich von Ziegler beschwört den König geradezu, den bisherigen Kurs beizubehalten und keine Parteienregierung zuzulassen. Bayern sei zusammen mit Württemberg und Sachsen «der Hort einer konservativen Politik». Ähnlich argumentiert 1881 der Bayerns Innenpolitik immer kritisch beobachtende und auch beeinflussende Bismarck, wenn er an Ludwigs Majestäts- und Königsgefühl appelliert, das durch eine Parlamentarisierung angegriffen werden würde. Ludwig versichert Bismarck daraufhin, er werde den Gelüsten «nach parlamentarischer Majoritätsregierung, welche gegenwärtig auch in Bayern (...) auftauchen», widerstehen. «Ich werde dafür sorgen, dass ihr Ziel, das mit dem monarchischen Prinzip nicht zu vereinen ist und nur endlose Unruhe und Unfrieden herbeiführen würde, unerreicht bleibt.»

Man kann diese Erwägungen eines Kurswechsels als aus persönlich-politischer Schwäche stecken gebliebene Versuche, richtungsweisend zu handeln, interpretieren. Bismarck spricht in anderem Zusammenhang von der «Willensschwäche» Ludwigs. Es ist aber eben auch ein bewusstes Festhalten am monarchischen Prinzip gegen jede Parlamentarisierungstendenz, allerdings um den Preis der Machtstärkung des Ministeriums. Ludwig sieht und billigt das, weil die Minister seine Politik ausführen oder zumindest ihm gegenüber den Eindruck erwecken, als würden sie dies tun. Doch leidet der König unter diesen Machtverhältnissen und reduziert konsequent den unmittelbaren Umgang mit den Ministern. Dass er selbst erkennt, sich nicht immer durchsetzen zu können, zeigt der Schlusssatz eines Briefes an den Papst (1. September 1873): «Leider aber ist es selbst meinem Willen nicht überall in meinem Staate möglich durchzudringen, da mir durch die zum Teil sehr schlechten Gesetze, die hauptsächlich seit dem Revolutionsjahr 1848 bestehen, vielfach die Hände gebunden sind.» Konkret meint Ludwig hier die Ministerverantwortlichkeit und Recht und Pflicht der Minister zur Gegenzeichnung königlicher Anordnungen. Es ist in diesem Zusammenhang nicht ohne Interesse, dass in Ludwigs Regierungszeit mit dem Verwaltungsgerichtshof und neuen Verfahrensregelungen in Verwaltungsrechtssachen eine moderne Sondergerichtsbarkeit eingeführt wird (Gesetz vom 8. August 1878), die eine umfassende Kontrolle der öffentlichen Verwaltung sicherstellen soll und als eine der größten Errungenschaften des sich entwickelnden Rechtsstaats angesehen werden kann.

Zu den innenpolitischen Hauptproblemen der Ludwig-Zeit gehört die Wahlrechtsreform, die, Ludwigs Vorstellung vom unbedingten Vorrang der Krone vor dem Parlament entsprechend, lediglich durch die Einführung der geheimen Wahl (1881) einen Schritt weiterkommt. Vorstöße zur gesetzlichen Festlegung der Wahlbezirke, die Einführung der direkten Wahl und des Verhältniswahlrechts scheitern ebenso wie Bemühungen um eine Reform der Kammer der Reichsräte, der Ersten Kammer des Parlaments.

Beim Kulturkampf, der politischen Auseinandersetzung zwischen Staat und katholischer Kirche mit dem Ziel einer Verringerung des gesellschaftlichen Einflusses der Kirche sowie dem damit verbundenen Kampf mit der patriotischen Landtagsfraktion sind Ludwigs persönliches Interesse und ein zum Handeln berei-

Freiherr von Lutz.

Abb. 15: Johann (ab 1883 Freiherr) von Lutz, um 1880.

tes Engagement deutlich erkennbar: So bei der Konzentration auf das Staatskirchenrecht oder der Durchsetzung des so genannten Kanzelparagraphen («Lex Lutzina»; § 130a Reichsstrafgesetzbuch) im Bundesrat, wonach jeder Geistliche mit Gefängnis bedroht wird, der von der Kanzel Angelegenheiten des Staates in einer den öffentlichen Frieden gefährdenden Weise zum Gegenstand der Erörterung macht. Das gilt aber auch für den im Vergleich zum Reich moderateren Verlauf des Kulturkampfes in Bayern, die Betonung des Religionsedikts der Verfassung (1818) gegenüber dem als nachrangig verstandenen Konkordat (1817), bremsende Einwirkungen auf Kultusminister Lutz oder den Schutz der Altkatholischen Kirche. Diese alles in allem also recht ambivalenten Positionen und Vorgehensweisen dürfen unmittelbar dem Monarchen zugeschrieben werden. Christof Botzenhart ist zuzustimmen, wenn er nach Durchsicht der Aktenüberlieferung zum Urteil kommt, dass Ludwig auf einer genauen Unterrichtung über die einschlägigen Vorgänge besteht, die Vorlagen aufmerksam studiert und ganz entschieden eigene Akzente setzt, um jede Beeinträchtigung seiner herrschaftlichen Stellung zu verhindern. Einen auswärtigen Politiker überrascht er mit «staunenswerten» Kenntnissen des Kirchenrechts und erklärt diesem «die Stellung, welche er einzunehmen habe, um den Staat vor den Folgen dieses gefährlichen Dogmas zu schützen (...)». Dem päpstlichen Nuntius in München, Bianchi, gegenüber betont Ludwig 1875: «(...) ich bin katholisch und aufrichtig dem Heiligen Vater verbunden. Wenn ihr ihm schreibt, sagt ihm das.»

Beim Kulturkampf in Bayern geht es – und daran war der König persönlich vor allem interessiert – um Erhalt, Ausübung und Dominanz der staatlichen Hoheitsrechte, der Thronrechte des Herrschers, nicht um antikatholische oder antikirchliche Zielsetzungen. Am Beginn der Auseinandersetzung versucht der König erfolglos, die Publikation der Beschlüsse des Ersten Vatikanischen Konzils über den Primat des Papstes und die päpstliche Unfehlbarkeit in den bayerischen Bistümern zu untersagen, weil die staatliche Zustimmung (Placet) fehle. Erfolgreicher ist Bayern bei der Unterstützung des Jesuitengesetzes des Reichs (1872) und bei verschiedenen Verwaltungsmaßnahmen, die einerseits gegen die kirchlichen Erziehungsinstitute gerichtet sind und andererseits die Durchsetzung der Staatsaufsicht über die Kirchen zum Ziel haben.

Zu den persönlichen Rechten des Königs gehören gemäß den Festlegungen des Konkordats die Bischofsernennungen. In neun Fällen hat er auf diesem Gebiet während seiner Regierungszeit Entscheidungen zu treffen, und er tut dies – von einer Ausnahme abgesehen – stets in engem Zusammenwirken mit Kultusminister Lutz, und zwar mit dem letztlich erreichten Ziel, den Ultramontanismus, also eine fundamentale Orientierung am päpstlichen Zentralismus, auf den Bischofsstühlen zurückzudrängen. Anfang 1865 hat er gegenüber Johannes Huber in einem Gespräch über die Enzyklika Papst Pius' IX. «Quanta Cura» und den «Syllabus errorum», die 80 angeblichen Irrtümer der Neuzeit, festgestellt: «Uns in Deutschland und Bayern täte ein anderer Episkopat gut, der gegen Rom Front machte.»

12. Der König und die Kunst: Richard Wagner

Wenn man von Ludwigs «Leiden am Reich» spricht, meint man damit zum einen die Beschränkungen seiner Majestätsvorstellungen durch die Verfassungswirklichkeit in seinem eigenen Reich, dem Königreich Bayern – vom Ministerium und der Ministerialbürokratie eingeschränkt, vom Parlament bedrängt, vom Kabinettssekretär partiell gelenkt. Zum anderen hat man das Deutsche Reich und die aus diesem resultierenden begrenzten Aktionsmöglichkeiten im Auge. Was bleibt, kann man fragen, der Majestät, dem Herrscher? Die Zivilliste, also seine unmittelbaren Finanzmittel, Musik und Kunst, das Bauen als «Hauptlebensfreude» (1886), die menschenleere Berglandschaft, das Hofsekretariat mit der Zuständigkeit für die Hofkasse, die Theaterangelegenheiten und die königlichen Bauten.

Aber des Königs Hinwendung zu diesen Bereichen, seine künstlerischen Interessen, seine oft geradezu überbordende Begeisterung für das Musiktheater, seine grenzenlos werdende «Bauwut» darf man nicht nur als Reaktion auf Enttäuschungen auf dem politischen Parkett, als Folge von in der harten Wirklichkeit des königlichen Tagesgeschäfts erlebten Frustrationen interpretieren. Es ist vielmehr ein eigener Lebensraum des Königs, der schon seit früher Jugend existiert, der ständig und stetig gewachsen ist und in dem sich der Grenzgänger Ludwig immer wieder und immer mehr aufhält.

Richard Wagner (1813–1883) oder vielmehr dessen musiktheoretisches und musikdramatisches Werk bilden dafür ein gutes Beispiel. Der in Leipzig geborene Künstler wirkt 1833 als Chordirektor in Würzburg. Nach Tätigkeiten in Riga, London und Paris siedelt er 1842 nach Dresden über, wo er zum Hofkapellmeister avanciert. Da er sich an den revolutionären Ereignissen der Jahre 1848/1849 aktiv beteiligt und zu einer lebenslänglichen Kerkerstrafe verurteilt wird, muss er in die Schweiz fliehen. 1854 geht in Dresden das Gerücht um, der Münchner Hoftheaterintendant Franz von Dingelstedt habe Wagner zu einer Aufführung seiner Oper «Tannhäuser» nach München eingeladen. Der sächsische Außenminister von Beust lässt den bayerischen Gesandten von Gise kommen, um Näheres zu erfahren, «weil Richard Wagner bekanntlich eine der vornehmsten und hervorragendsten Rollen in dem Dresdner Aufstand vom Jahre 1849 gespielt, und ein umso verwerflicheres Subjekt ist, als derselbe auf Kosten Seiner Majestät von Sachsen erzogen wurde». Wagners Anwesenheit in München, so Beust, würde zu einem Auslieferungsverlangen führen. Die angebliche Einladung hat es nicht gegeben, aber die «Tannhäuser»-Aufführung findet am 12. August 1855 in München statt. Der sächsische Haftbefehl und die Nachstellungen der Gläubiger des Komponisten haben eine Odyssee Wagners in die Schweiz, nach Wien, Venedig, Moskau, Petersburg und schließlich Stuttgart zur Folge. Dort wird er 1864 im Auftrag König Ludwigs II. aufgespürt.

Der Kronprinz ist gerade einmal 12 Jahre alt, als er beginnt, sich für die Schriften, für die Themen und für die Musik Wagners zu interessieren. Bei seinem Großonkel Herzog Max in Bayern entdeckt er Wagners Abhandlung «Das Kunstwerk der Zukunft» und begeistert sich für die Idee des Musikdramas und der Harmonie von Dichtung und ihrer musikalischen Umsetzung. Enttäuscht muss er zur Kenntnis nehmen, dass ihm sein Vater, König Maximilian II., nicht erlaubt, die Erstaufführung der Oper «Lohengrin» am 28. Februar 1858 zu besuchen. 1859 liest er Wagners Schrift «Oper und Drama» und am 2. Februar 1861 erlebt er, begleitet von seiner Erzieherin Sybille von Meilhaus, die Wiederaufführung des «Lohengrin» im Münchner Hoftheater unter der Leitung von Franz Lachner.

Später erinnert er sich in einem Brief an den Künstler an diese Aufführung: «So schlecht sie war, so verstand ich doch das Wesen dieses göttlichen Werkes zu erkennen: in seiner Aufführung ward der Keim gelegt zu Unsrer Liebe und Freundschaft bis zum Tod, von dort ward der bald zur mächtigen Flamme werdende Funke für Unsre heiligen Ideale in mir entzündet.» Im Jahr vor seinem Regierungsantritt lernt er den «Ring des Nibelungen» und «Die Meistersinger von Nürnberg» kennen. Es sind die Mythen und Sagen seiner Phantasiewelt, aber auch die «hohe», wortkünstlerisch-unnatürliche Sprache, die romantische Heldenmusik und die an seine Träume erinnernden Bühnenbilder, die den Gleichklang in den Empfindungen und der Seele Ludwigs bewirken.

Es gehört zu den ersten Aktivitäten des jungen Königs, den in Sachsen inzwischen amnestierten, 32 Jahre älteren Richard Wagner, der damals existentielle Sorgen hat, nach München zu holen. Durch Geldzuwendungen und andere königliche Privilegien erhält der Komponist die Möglichkeit, frei seiner künstlerischen Arbeit nachgehen und seine Werke aufführen zu können. Nach der ersten persönlichen Begegnung am Nachmittag des 4. Mai 1864 schreibt der König: «Die niedern Sorgen des Alltagslebens will ich von Ihrem Haupte auf immer verscheuchen, die ersehnte Ruhe will ich Ihnen bereiten, damit Sie im reinen Äther Ihrer wonnevollen Kunst die mächtigen Schwingen Ihres Genius ungestört entfalten können.– Unbewusst waren Sie der einzige Quell meiner Freuden von meinem zarten Jünglingsalter an, mein Freund, der mir wie keiner zum Herzen sprach, mein bester Lehrer und Erzieher. – Ich will Ihnen alles nach Kräften vergelten.» Bereits im Juni 1865 erlebt München die Uraufführung der Oper «Tristan und Isolde»; am Dirigentenpult steht Hans von Bülow.

«Meine Absicht ist», hat Ludwig II. Wagner im November 1864 eröffnet, «das Münchener Publikum durch Vorführung ernster, bedeutender Werke, wie die des Shakespeare, Calderón, Goethe, Schiller, Beethoven, Mozart, Gluck, Weber in eine gehobenere, gesammeltere Stimmung zu versetzen, nach und nach dasselbe jenen gemeinen, frivolen Tendenzstücken entwöhnen zu helfen und es so vorzubereiten auf die Wunder Ihrer Werke (…)»

Wagners bevorzugte Behandlung durch den König und ungeschickte politische Äußerungen des Künstlers haben zur Folge, dass er auf Wunsch des Königs München verlassen muss und nach Tribschen (am Vierwaldstätter See bei Luzern/Schweiz) übersiedelt. Der politische Druck kommt nicht nur aus der Regierung (der König solle wählen zwischen der Liebe und Vereh-

Richard Wagner,
nach einem Stiche von Rob. Reyher, mit Bewilligung des Verlages
E. H. Schroeder, Berlin.

Abb. 16: Richard Wagner (nach einem Stich von Robert Reyher).

rung des Volkes und der Freundschaft Wagners), sondern auch aus einer Öffentlichkeit, die Wagner, in Anspielung an Lola Montez, die Favoritin seines Großvaters, als «Lolus» verspottet. Das Zerwürfnis von Mäzen und Tonkünstler währt nur kurz. Schon im Frühjahr 1866 überrascht der König den Komponisten in Tribschen mit einem Geburtstagsbesuch, nachdem er Wagner geschrieben hatte: «Ich liebe kein Weib, keine Eltern, keinen Bruder, keine Verwandten, niemanden innig und von Herzen, aber Sie!» Im Juni 1868 kommt es in München zu einer grandiosen Uraufführung der «Meistersinger», bei der Wagner und Ludwig gemeinsam anwesend sind. Der König: «Ich habe das Unsterbliche mit Augen gesehen, ja mir ist es, als hätte ich das Allerheiligste des Himmels geschaut.»

Seit Ende 1864 reift in Ludwig der Wunsch, für Wagners Werk in seiner Haupt- und Residenzstadt einen Theaterbau zu errichten. Das von Gottfried Semper parallel zum Maximilianeum über der Isar geplante Wagner-Festspielhaus scheitert am Widerstand der Stadt, an Finanzierungsproblemen und an einer wachsenden Abneigung des Königs gegen München, wo er allerdings noch für die Gründung der Königlich bayerischen Musikschule (1867, Direktor: Hans von Bülow, 1874 staatlich, später Musikakademie) und einer polytechnischen Lehranstalt (1868; später Technische Hochschule) sorgt. Auch Wagner entfernt sich von dem Semper-Projekt und entwickelt Vorstellungen von einem Festspielhaus in Bayreuth, wo er sich seit 1872 die meiste Zeit aufhält.

Wagners Liebesbeziehung zu Cosima von Bülow verursacht dann eine neue und tiefe Störung des Verhältnisses zum König. Die persönliche Entfremdung verhindert aber nicht die weitere Förderung von Wagner und seines Werkes durch den König, der sich die Aufführungsrechte abtreten lässt und der auch den Bau des Bayreuther Festspielhauses mit erheblichen Mitteln unterstützt. Bei dessen Eröffnung 1876 mit drei Aufführungen des vollständigen «Ring des Nibelungen» begegnen sich beide wieder. Drei Jahre zuvor hat der König Wagner zum Mitglied des Maximiliansordens für Wissenschaft und Kunst gemacht.

Auch wenn die gefühlsbetonte, schwärmerische und oftmals geradezu ekstatische Sprache in Ludwigs Briefen in eine andere Richtung deutet: Mehr als für die Persönlichkeit Wagners begeistert sich der König für die Texte, die Musik und die Bühnenverwirklichungen der Werke des Künstlers. Persönliche Konflikte, die es des Öfteren gibt, dringen in diesen Verehrungsbereich zu keiner Zeit ein und eine «Hörigkeit» des Königs lässt sich nur feststellen, wenn man die Kunst als das Objekt der Hörigkeit versteht. Als Wagner im Herbst 1881 in Zusammenhang mit der «Parsifal»-Erstaufführung in Bayreuth um das Hoforchester des Königs, aber ohne dessen Dirigenten Hermann Levi bat, weil dieser Jude sei, reagiert der König sehr ungnädig – und Wagner gibt nach. Am 11. Oktober 1881 schreibt Ludwig: «Dass Sie, geliebter Freund, keinen Unterschied zwischen Christen und Juden bei der Aufführung Ihres großen heiligen Werkes machen, ist sehr gut. Nichts ist widerlicher, unerquicklicher als solche Streitigkeiten; die Menschen sind ja im Grunde genommen doch alle Brüder, trotz der konfessionellen Unterschiede!»

Erschüttert nimmt der König die Nachricht von Richard Wagners Tod in Venedig am 13. Februar 1883 auf: «Entsetzlich, fürchterlich!» und «Wagners Leiche gehört mir. Ohne meine Verordnung soll wegen der Überführung in Venedig nichts geschehen.» Heinz Häfners zusammenfassendem Urteil über König Ludwigs II. Leistung in dieser Beziehung zweier außergewöhnlicher Persönlichkeiten ist zuzustimmen: «Ludwig II. kommt jedenfalls das Verdienst zu, einen hochbegabten, aber faszinierend egoistischen und ziemlich schwierigen Menschen gefördert zu haben, der wesentlich zur Reform des Musiktheaters, zu den Grundlagen moderner Komposition und zur Gestaltung der Schlösser und Hütten Ludwigs beigetragen hat. Ohne seinen überaus großzügigen Mäzen wäre Richard Wagners Lebensweg wahrscheinlich anders verlaufen.» König Ludwig II. steht hier ganz in der mäzenatischen Tradition des Hauses Wittelsbach.

Das Münchner Hoftheater macht der König zu einem ganz persönlichen künstlerischen Erlebnisraum. Nur für Ludwig II. allein finden zwischen 1872 und 1885 im National- und im Residenztheater über 200 so genannte Separatvorstellungen statt. Aufgeführt werden die Opern Richard Wagners und anderer Komponisten (Verdi, Gluck, Meyerbeer), aber auch Bühnenstücke, die die Zeit des Ancien Régime lebendig werden lassen und die zum Teil eigens für den bayerischen Herrscher geschrieben werden, schließlich klassische Dramen, vor allem von Shakespeare und Schiller.

Abb. 17: König Ludwig II., um 1884 (Foto).

13. Die andere Wirklichkeit: Gebaute Träume

Neben die emphatische Begeisterung für das Werk Richard Wagners und die geradezu existentielle Liebe zum Theater tritt schon in den späten 1860er Jahren – 1867 hat der König Paris, Versailles und die Wartburg besucht – eine unaufhaltsam wachsende Bauleidenschaft. Das ist, wie schon ein oberflächlicher Blick in die Geschichte zeigt, für einen Landesherrn zunächst nichts Außergewöhnliches; auch viele von Ludwigs Wittelsbacher Vorfahren haben das bauliche Erscheinungsbild Bayerns nachhaltig geprägt. Nymphenburg, die Schlösser in Schleißheim, die Münchner Residenz sind wichtige, aber nur einige wenige Beispiele. Anders als bei seinem Großvater oder seinem Vater geht es Ludwig II. aber nicht darum, Stadtbilder zu prägen, mit Herrschaftsarchitektur Eindruck zu erwecken, baulich zu repräsentieren oder den Untertanen steinerne Identifikationsangebote zu machen und Gründe zu geben, stolz auf das eigene Land und seinen Herrscher zu sein.

Um beim Bild des Doppelgängers zu bleiben: Ludwigs Bautätigkeit ist Ausdruck seines temporären Lebens jenseits der Grenze zu Öffentlichkeit, Regierungsverantwortung und Tagespolitik. Linderhof, Herrenchiemsee, Neuschwanstein und die nicht verwirklichten Schlösser und Paläste liegen – so gesehen – nicht im bayerischen Voralpenland, sondern sind mit ihrer naturräumlichen Umgebung Teil einer geistig-seelischen Landschaft, in der vergangene Jahrhunderte, ganze Epochen der Kunstgeschichte und verschiedenartige Herrschaftsideale mit einem geradezu postmodernen Facettenreichtum angesiedelt und zu einem eigenständigen und neuen Ganzen zusammengefügt worden sind. Es ist eine eigene und persönliche Welt, nicht für die Zeitgenossen gedacht und ohne politische Zielsetzungen. «Ich habe hier leider nichts als Verdrießlichkeiten zu erleben, deshalb will ich mich durch Schaffung solcher Paradiese dafür entschädigen, wo mich kein Erdenleid erreichen soll.» (1869) Gebaute Träume und großes Theater, wie sie beispielsweise bei Schloss Linderhof in der Hundinghütte, der Venusgrotte mit See und Wasserfall und der Klause des Gurnemanz oder im oberen Burghof in Neuschwanstein, der das Lohengrin-Bühnenbildmodell Wagners zitiert, besonders augenfällig werden. Auf die große kunstgeschichtliche Bedeutung der baulichen Schöpfungen des Königs hat erstmals und mit nachhaltigen Wirkungen Michael Petzet im Jahr 1968 mit der Ausstellung «König Ludwig II. und die Kunst» im Festsaalbau der Münchner Residenz aufmerksam gemacht.

Bei Konstruktion und Rekonstruktion hat Ludwig sehr genaue Vorstellungen von dem, was er will und wie es realisiert werden soll. Kunsthandwerkliche Detailtreue ist ihm dabei ebenso wichtig wie die emotional-ästhetische Gesamtwirkung, Perfektion und der schöne Schein. Dem bayerischen Kunsthandwerk verhilft der anspruchsvolle und penible königliche Auftraggeber zu großem fachlichen und finanziellen Gewinn. Natürlich kann man das alles im Zusammenhang mit dem Zeitgeist, dem eklektischen Historismus und der ambivalenten Modernität der zweiten Hälfte des 19. Jahrhunderts sehen, die sich auf das «fin de siècle» zubewegt. Aber selbst in diesem Rahmen ist es doch ein Gesamtwerk von mutiger Eigenständigkeit, originell, unkonventionell und konsequent. Es atmet nicht, wie oft gesagt wird, den Geist von Disneyland, Legoland oder Minimundus, sondern diese modernen Spielwelten machen sich umgekehrt die Faszination zu Nutze, die von Ludwigs Bauten ausgeht.

Um seine baulichen und kunsthandwerklichen Ziele zu erreichen, ist dem König finanziell und technisch fast jedes Mittel recht. Ohne jede Berührungsangst und ganz selbstverständlich nützt er alle technischen Möglichkeiten einer Zeit, zu deren Signum – auch in Bayern – enorme Innovationsleistungen der Ingenieure gehören. Ludwig II. hat dieser Entwicklung auch durch die Errichtung der Polytechnischen Lehranstalt in München (1868), der späteren Technischen Hochschule, einen zukunftsweisenden Schub verliehen. Ein eindrucksvolles Bild des «technischen Ludwig» hat Jean Louis Schlim gezeichnet. Aber es ist nicht die Technik an sich, die Ludwig interessiert, sondern es sind die technischen Möglichkeiten, mit denen sich Ideen und Wünsche verwirklichen lassen, es ist die Instrumentalisierung der Technik, die Fortsetzung des Traums mit anderen Mitteln: ein Pfauenwagen als Flugmaschine, eine elektrisch beleuchtete Grotte, ein aus der Küche ins Speisezimmer schwebender Tisch, Stahlträger zur Lösung der Neuschwansteiner Statikprobleme, eine hochmoderne Cramer-Klett-Konstruktion über dem Wintergarten auf dem Dach der Münchner Residenz, eine Heißluft-Zentralheizung in Neuschwanstein.

1878 installiert Johann Sigmund Schuckert (Nürnberg) für den König in Schloss Linderhof die erste permanente elektrische Beleuchtung Bayerns; weitere derartige Installationen folgen dann im Münchner Telegrafenamt, im Münchner Hauptbahnhof (1879) und im Residenztheater (1880). Das «Krafthaus» bei Schloss Linderhof, das den Strom für die Beleuchtung, die Wellenmaschine und den Regenbogenprojektor für die Venusgrotte liefert, darf als das erste Elektrizitätswerk Bayerns angesehen werden. Auch die vielfach nachts genutzten Kutschen und Schlitten des Königs machen sich den modernsten Stand der Technik zunutze.

Orientiert man sich an Epochen und Kategorien der Kunstgeschichte, so werden von Ludwig II. das Mittelalter, Barock und Rokoko sowie traditionelle orientalische und byzantinische Stilformen zu neuem Leben erweckt.

Schloss Neuschwanstein, eine weiße Schwanenritter- und Gralsburg auf einem senkrecht abfallenden Felsen vor einer imposanten Bergkulisse und über der alpinen Pöllatschlucht bezieht sich zwar auf die romantisierende Architektur und die mittelalterliche Sagen-, Minnesänger- und Heldenwelt des gegenüberliegenden väterlichen Schlosses, ist aber mit ihrer alpengleichen Aufgipfelung der Türme und Türmchen und ihren märchenhaften Raumkulissen eine Transformation Hohenschwangaus in eine andere Welt. Aus Realität wird Irrealität, aus einem bewohnten, mit Leben erfüllten und zumindest partiell für die Öffentlichkeit zugänglichen Burgschloss als Real-

typus wird eine idealtypische, dem wirklichen Leben entrückte
Schlossburg. So wie der König selbst, wird auch dieses Schloss
im Allgäu weltweit zu einer Ikone der Moderne. Neuschwanstein als Idealtypus eines (Märchen-)Schlosses, als Ausdruck einer Sehnsucht des Menschen und als Symbol für Bayern und
Deutschland war globalisiert, ehe dieses Wort allgegenwärtige
Verwendung fand.

Schon 1868 beginnen die Arbeiten zum eng mit der Ideenwelt
Richard Wagners verbundenen «Wiederaufbau der Ruinen Vor-
der- und Hinterhohenschwangau», 1869 ist Grundsteinlegung,
das Richtfest wird am 29. Januar 1880 gefeiert. Die Fertigstellung aber gelingt nicht bis zu Ludwigs Tod. Der Name «Neuschwanstein» entsteht erst in den frühen 1880er Jahren, der König verwendet diese Bezeichnung allerdings nicht für seine «Neue
Burg». Während der laufenden Bauarbeiten wohnt Ludwig II.
im Obergeschoss des Turmbaus. Die eigentlichen Privatgemä-
cher des Herrschers mit ihren Wandmalereien zu Lohengrin, den
Minnesängern oder Tannhäuser befinden sich im dritten Obergeschoss. Räumliche Höhepunkte sind der Thronsaal, ein zweige-
schossiger, das Gottesgnadentum des wahren Königs widerspie-
gelnder sakraler Raum im byzantinischen Stil, und der Parzival
geweihte Sängersaal im vierten Obergeschoss. Das Projekt einer
weiteren idealtypischen «mittelalterlichen» Schlossburg, Falkenstein bei Pfronten – die dortige Ruine erwirbt der König 1883 –,
bleibt, wie andere Bauideen, ein unverwirklichter Traum.

Ludwigs architektonisches Bild vom absolutistischen Königtum Frankreichs und vom Leben am Hof der Bourbonen im 17.
und 18. Jahrhundert kommt in den Schlössern Linderhof
(1869–1874) und Herrenchiemsee (ab 1878, nicht fertigge-
stellt), auch in der Kronprinzen- und Königswohnung der
Münchner Residenz (1869) zum Ausdruck. Der Blick über den
Rhein, das starke Interesse an der Geschichte der Bourbonen
und die Hochschätzung des französischen Absolutismus stehen
in einem dem König sicher bewussten Widerspruch zum liberalen, nationalen und insbesondere nach 1870/71 frankreich-
feindlichen Zeitgeist. Entsprechend kritisch ist deshalb die öffentliche Wahrnehmung.

Abb. 18: Neuschwanstein um 1890 (nach einer Fotografie von G. Böttger).

Das Schlossjuwel Linderhof, vollendeter Rokoko-Historismus, bezieht sich auf das Petit Trianon im Versailler Park: «Es soll gewissermaßen ein Tempel des Ruhmes werden, worin ich das Andenken König Ludwigs XIV. feiern will.» Linderhof, Ludwigs einziger Bau, den er länger bewohnt hat, erscheint auch als eine Hommage an Ludwig XV. und dessen Lebenswelt.

In der zweiten Augusthälfte 1874 besucht Ludwig II. Paris und beschäftigt sich intensiv mit Versailles. Schloss Herrenchiemsee – Architekt ist hier wie bei Schloss Linderhof Georg von Dollmann – ist ein geklontes und auf die Insel im Chiemsee gestelltes Versailles, grandioser fast als das Original. Wieder ein Idealtypus, der den Realtypus hinter sich lässt. Nicht die Nähe zur Residenzstadt wird gesucht, wie es in Frankreich der Fall ist, sondern bewusste Distanz. Trotz des Arbeits- und Beratungssaals (mit dem Bildnis Ludwigs XIV.) oder des 98 Meter langen Spiegelsaals hat Herrenchiemsee mit konkreter Herrscher-, Regierungs- oder Repräsentationsarbeit nichts zu tun. Der König schreibt seiner «seelenverwandten» Cousine Kaiserin Elisabeth von Österreich (1837–1897): «Die Menschen sollen wissen, dass hier das Schöne entstanden ist nur um der Schönheit willen, zwecklos das Schöne, Sisi. Einen muss es doch geben im Land, der nicht nur daran denkt, was ihm nützt, was ihm Vorteil bringt – nun, wenn es niemand andrer ist, muss es eben der König sein.»

Zum fernen Mittelalter und zum fernen Frankreich des 18. Jahrhunderts kommt der ferne Orient. Die Pariser Weltausstellung, die Ludwig II. im Juli 1867 besucht, hat europaweit eine byzantinisch-arabisch-orientalische Modewelle ausgelöst, aber des Königs Interesse an dieser fremden, exotischen und prachtvollen Welt reicht weiter zurück. In der Münchner Residenz entsteht 1864 ein großer, tonnengewölbter Dach- und Wintergarten (1897 abgebrochen) vor der imposanten Kulisse des Himalaya-Gebirges. Architekt ist, wie später beim Garten- und Landschaftsbau von Linderhof und Herrenchiemsee, Karl von Effner. Auch das Marokkanische Haus und der Maurische Kiosk bei Linderhof zählen zu den Bauten im orientalischen Stil.

Abb. 19: Schachen, Maurischer Saal (Alberttypie von Josef Albert).

Das Jagdhaus auf dem Schachen (1870) mit seinem «Türkischen Zimmer» – Vorbild ist ein Raum im Palast von Eyoub bei Istanbul – wird vor allem an den Geburtstagen des Königs Schauplatz orientalischer Inszenierungen. Luise von Kobell (1828–1901), Gemahlin des Kabinettssekretärs August von Eisenhart, erinnert sich: «Hier, zwischen den zwei Fenstern, saß in türkischer Tracht Ludwig II. lesend, während der Tross seiner Dienerschaft, als Moslems verkleidet, auf Teppichen herumlungerte, Tabak rauchend und Mokka schlürfend, wie es der königliche Herr befohlen hatte. Der ließ dann häufig überlegen lächelnd die Blicke über den Rand des Buches hinweg auf die stilvolle Gruppe schweifen. Dabei dufteten Räucherpfannen und wurden große Pfauenfächer durch die Luft geschwenkt, um die Illusion täuschender zu machen (…)»

Zu den letzten Bauideen Ludwigs II. gehören ein byzantinischer Palast, mit dem ein nicht verwirklichtes Projekt von 1869 wieder aufgegriffen wird, und die Errichtung eines chinesischen Palasts nahe Linderhof, der sich an der kaiserlichen Sommerresidenz Yuanming Yuan bei Peking orientiert. Die Entwürfe stammen von Julius Hofmann, seit 1884 Nachfolger von Georg Dollmann als Hofbaumeister.

14. Ein Mensch mit Körper, Geist und Seele

Es ist schon seit den 1860er Jahren nicht zuletzt die Bauleidenschaft, die Diskussionen über die geistige Gesundheit des Königs zur Folge hat, Gerüchte und Vermutungen, die Ludwigs gesamte Regierungszeit begleiten. Immer wenn der Grenzgänger die «normale Umwelt» verlässt, werden Zweifel an seiner «Normalität» laut; schließlich ist es ein psychiatrisches Gutachten, das zu seiner Absetzung führt. Ludwig II., die Krankheit und die Medizin – ein bereits zeitgenössisches Thema, das seine Aktualität bis heute nicht verloren hat. Die Diagnosen, die von Laien und Fachleuten, von Historikern und Ärzten gegeben worden sind und gegeben werden, decken die ganze Bandbreite zwischen «normalem, wenn auch unkonventionellem Verhalten ohne pathologische Abweichungen» über Suchtverhalten, Sozialphobie und narzisstischer Persönlichkeitsstörung bis zu Schizophrenie und anderen schwersten geistigen Erkrankungen ab.

Nicht übersehen werden darf bei der Beurteilung des königlichen Verhaltens die Tatsache, dass Ludwig in sehr jungen Jahren politisch, innerhalb der Herrscherfamilie und auch persönlich einer ungewöhnlich großen und schweren Verantwortung gerecht werden musste. Mit 18 Jahren wird er König. Die Versailler Novemberverträge und den Kaiserbrief, Schicksalsdokumente seines Königreichs und seines Königtums, unterschreibt er im Alter von 25 Jahren. Er ist noch nicht einmal 30 Jahre, als die Geisteskrankheit seines Bruders Otto endgültig manifest wird. Seinen 41. Geburtstag erlebt er nicht mehr.

In frühen biografischen Äußerungen finden sich Hinweise auf die zarte Konstitution des Kindes und eine sehr bedrohliche Erkrankung im ersten Lebensjahr, wohl eine Hirnhautentzündung, die in Zusammenhang steht mit der gleichzeitigen Meningitis seiner Amme. Berichtet wird von Geistesabwesenheit, von Tagträumen und Halluzinationen, von Unberechenbarkeit sowie von einer längeren, drei Monate anhaltenden fieberhaften Erkrankung im Jahr 1863. Auch nach der Übernahme der Regierungsgeschäfte leidet der König unter Fieber. Besorgt oder kritisch werden Ludwigs distanziertes Verhalten gegenüber seiner Umwelt, seine «Menschenscheu» und seine Schwärmereien registriert.

Schwer hat Ludwig unter Zahnschmerzen und Erkrankungen seiner Zähne zu leiden. Seiner Mutter schreibt er im Oktober 1878: «Leider habe ich vom Vater die mich so ärgernden Zähne geerbt; nicht die Deinen, die so gut sind.» Dies ist eine der Ursachen für frühe Veränderungen der körperlichen Erscheinung, so dass die immer wieder hervorgehobene Schönheit des 18-jährigen rasch verblüht. Der preußische Kronprinz Friedrich Wilhelm, der Ludwig gegenüber freilich keine Sympathie empfindet, notiert in seinem Tagebuch am 27. Juli 1870: «König Ludwig auffallend verändert; seine Schönheit hat sehr abgenommen; er hat die Vorderzähne verloren; bleich, nervös-unruhig im Sprechen, wartet er die Antwort auf Fragen nicht ab, sondern stellt schon, während man antwortet, weit andere Dinge betreffende Fragen.» Vor allem eine zunehmende Dickleibigkeit verändert den König und lässt ihn frühzeitig gealtert erscheinen. Auch das nimmt er zum Anlass, sich weitestgehend zurückzuziehen, alleine zu speisen oder den Umgang auf schriftliche Kontakte zu beschränken. Durchaus realistisch beobachtet er sich selbst und erlaubt sich dabei auch Zweifel an seiner seelischen und geistigen Gesundheit: «(...) und doch zweifle ich daran, ob eine wirklich verrückte Person sich so beobachten und prüfen könnte, wie ich es tue. Ich bin einfach anders gestimmt als die Mehrheit meiner Mitmenschen.»

Die Auswirkungen einer geistigen Erkrankung und ihre möglichen Folgen bis hin zu denkbaren Konsequenzen im eigenen Fall kann er unmittelbar an seinem Bruder Otto beobachten, über den seit 1867 Gerüchte wegen einer angeblichen seelischen Krankheit in Umlauf sind. Lebhaft, extrovertiert, heiter und gesellig in der Jugend, während der Reichsgründung noch ein aufmerksamer und kritischer Gesprächs- und Briefpartner des Königs, werden schon Ende 1871 in der eigenen Familie

Zweifel an einer Sukzessionsfähigkeit des Prinzen Otto laut. Seit 1872 lebt er unter ärztlicher Betreuung in Schloss Nymphenburg. Ab 1875 kommt die Krankheit vollständig zum Ausbruch und anschließend muss er sich, abgeschirmt und unter der Aufsicht von medizinischem Fachpersonal, in Schloss Fürstenried aufhalten. Regelmäßig wird Ludwig II. über den gesundheitlichen Zustand seines Bruders unterrichtet, den er am 16. März 1878 entmündigt. Nach Ludwigs Tod wird er «titular» König von Bayern, ohne die Regierungsgeschäfte ausüben zu können. Am 11. Oktober 1916 stirbt Ludwigs II. Bruder im Alter von 68 Jahren.

Ein Leben lang kämpft Ludwig II. mit seinen autoerotischen Neigungen und seiner homoerotischen Veranlagung. Ein Recht, die Grenze zu diesem höchstpersönlichen Lebensbereich zu überschreiten, besteht nur dann, wenn und soweit Einzelheiten politische Bedeutung und damit historische Relevanz erlangt haben. Ludwig II. steht unter enormem gesellschaftlichem und psychischem Druck, unter dem der seine Homosexualität erkennende König in einer Zeit leiden muss, der für diese sexuelle Orientierung jedes Verständnis fehlt. Der König selbst empfindet seine Neigungen als sündhaft. Je mehr in den 1880er Jahren Gerüchte über den Umgang des Königs mit Soldaten, Bediensteten und anderen Untertanen in Umlauf kommen, sind das Ansehen und die Akzeptanz der Monarchie direkt betroffen. Das Schicksal der zu solchem Dienst beim König Befohlenen lässt den Historiker nicht unberührt.

Ludwigs Freundschaften zu Männern – beispielsweise zu dem Schauspieler Joseph Kainz (1858–1910), der ihn im Sommer 1881 auf einer längeren Reise in die Schweiz begleitet – sind oft von schwärmerischer Intensität, zugleich erheblichen Stimmungsschwankungen unterworfen, und sie enden vielfach abrupt. Auch das Verhältnis des Königs zum weiblichen Geschlecht ist ambivalent. Am 22. Januar 1867 verlobt er sich mit seiner Cousine Sophie Charlotte in Bayern, der 1847 geborenen Tochter von Herzog Max in Bayern (1808–1888) und seiner Frau Ludovika (1808–1892), deren Vater, König Max I. Joseph, Ludwigs Urgroßvater ist. Es ist vor allem die leidenschaftliche

Verehrung Richard Wagners, die Ludwig für seine Braut einnimmt; von «Lohengrin» angeregt, nennt er sie Elsa. «Meine liebe Elsa! Meinen wärmsten Dank für Dein gestriges liebes Briefchen. Vollkommen kann ich Dich beruhigen über Deinen am Schlusse Deines Billetts angesprochenen Zweifel. Von allen Frauen, welche leben, bist Du mir die teuerste (...), der Gott meines Lebens aber ist, wie Du weißt, Richard Wagner.» Der Tag der Eheschließung wird mehrmals hinausgeschoben, und am 11. Oktober 1867 informiert das Regierungsblatt die bayerische Bevölkerung, dass die Verlobung im gegenseitigen Einvernehmen rückgängig gemacht worden sei, weil man erkannt habe, «dass nicht jene wahre Neigung des Herzens besteht, welche eine glückliche Ehe gewährleiste».

Nur vorübergehend wird durch diesen unglücklichen Vorgang das herzliche persönliche Verhältnis Ludwigs zu Sophies Schwester, Kaiserin Elisabeth von Österreich, gestört. Die «Seelenverwandtschaft» des Königs und seiner acht Jahre älteren Cousine Sisi ist stärker. Die Analyse der Historikerin Martha Schad ist zutreffend: «Beide verband die Vorliebe für alles Schöne, für alles Mystische und die tiefe Abneigung gegen höfische Repräsentationspflichten. Beide fühlten sich in größerer Gesellschaft am Hofe unwohl und hassten es, der Mittelpunkt unter vielen Menschen zu sein. Im Laufe der Jahre haben sich beide immer mehr zurückgezogen, waren letztlich sehr einsam und fühlten sich trotz aller ihnen entgegengebrachten Verehrung von der Welt nicht verstanden.»

Schwärmerische Emotionalität prägt auch Ludwigs II. Verhältnis zu der russischen Zarin Maria Alexandrowna (1824–1880), die 1868 mit dem König auf der Roseninsel im Starnberger See und auf Schloss Berg «poetische Stunden» verlebt, zu den Schauspielerinnen Lila von Bulyowsky (1833–1909) und Marie Dahn-Hausmann (1830–1909) oder zu Cosima von Bülow (seit 25. August 1870 Ehefrau von Richard Wagner; 1837–1930), die vom bayerischen Herrscher über 100 Briefe und Telegramme erhält.

Gerüchte, Vermutungen oder Diskussionen über die psychische Gesundheit, über als Krankheitssymptome zu wertende

Abb. 20: König Ludwig II. und Sophie von Bayern, März 1867 (Foto).

Dr. Gudden.

Abb. 21: Professor Dr. Bernhard von Gudden.

Verhaltensweisen und über die Regierungsfähigkeit des Königs werden im Laufe der Jahre immer stärker. Dahinter stehen nicht nur konkrete Beobachtungen, Sorgen um die Aufrechterhaltung eines funktionierenden Staates oder Angst vor einem Ansehensverlust von Monarchie und Herrscherhaus, sondern auch handfeste persönliche und politische Interessen. In der ersten Hälfte der 1880er Jahre intensiviert sich diese Entwicklung zusehends.

Schließlich wird König Ludwig II. ohne vorherige persönliche Untersuchung vom Direktor der Kreisirrenanstalt und Inhaber des Lehrstuhls für Psychiatrie an der Münchner Universität, Bernhard von Gudden, (1824–1886), für geisteskrank und regierungsunfähig erklärt. Die Initiative für ein Gutachten ist zunächst, nach familieninternen Überlegungen im Sommer 1885, Anfang 1886 von Minister von Lutz und der Regierung mit Rückversicherung bei dem 65-jährigen Prinz Luitpold von Bayern als eventuellem Thronfolger ausgegangen. Alles deutet darauf hin, dass es nicht um ein «objektives» Gutachten und um eventuelle medizinische Handlungsoptionen geht, sondern um eine fachärztliche Bestätigung eines bereits gefällten Urteils. Das Ergebnis des Gutachtens steht fest, ehe die Begutachtung beginnt, aber man braucht die Aussage einer psychiatrischen Kapazität – und eine solche war Bernhard von Gudden zweifelsfrei –, um den ins Auge gefassten verfassungsrechtlichen und politischen Weg gehen zu können. Der offizielle Auftrag zur Erstellung des Gutachtens wird am 7. Juni erteilt; einen Tag später ist es fertig, und bereits am 9. Juni trägt der Psychiater seine Erkenntnisse im Ministerrat vor.

Gudden kann sich auf schriftliche Unterlagen der Verwaltung, protokollierte Aussagen von Dienern und Berichte ehemaliger Kabinettssekretäre stützen. Die inhaltlichen Aussagen dieses schriftlichen Materials weichen nicht wesentlich ab von Feststellungen und Beobachtungen, die aus anderen Quellen überliefert sind. Außer Gudden unterschreiben die Psychiater Hubert Grashey, Friedrich Wilhelm Hagen und Max Hubrich das Gutachten, das zu folgendem Schlussurteil kommt: «Seine Majestät sind in sehr fortgeschrittenem Grade seelengestört und zwar leiden Allerhöchstdieselben an jener Form von Geisteskrankheit, die den Irrenärzten wohl bekannt mit dem Namen Paranoia (Verrücktheit) bezeichnet wird.»

Alle Mediziner, die sich nach Bernhard von Gudden um eine Diagnose bemühen, stehen vor dem gleichen zentralen Problem, mit dem auch dieser konfrontiert ist: Eine Untersuchung des Patienten ist nicht möglich, ausgewertet werden können lediglich subjektive Beobachtungen und Urteile von Nicht-Medizinern (Starrsinn, Uneinsichtigkeit, Apathie, bizarre Ideen), die zwar grundsätzlich Glaubwürdigkeit beanspruchen dürfen, aber doch auch einerseits interessengeleitet sind und andererseits eine bewusste Negativauswahl zur Verfügung stehender Aussagen darstellen.

Die nachträgliche Diagnostik kann zusätzlich die Ergebnisse der Obduktion vom 15. Juni 1886 heranziehen. Bei dieser findet man Hinweise auf eine Meningitis-Erkrankung und entdeckt eine angeblich ausgeprägte bilaterale Frontalhirnatrophie (Gehirnschwund).

Und schließlich: Der Medizin stehen heute auch die Forschungsergebnisse der Geschichtswissenschaft zur Verfügung, soweit sie das Denken und Handeln des Königs in ihren konkreten Auswirkungen untersucht. Dass sich Ludwig II. bis in die letzten Lebensmonate hinein mit seinen täglichen Regentenaufgaben auf der einen und seinen Bauplanungen auf der anderen Seite ernsthaft und mit rationalen Ergebnissen befasst, kann nicht mehr bestritten werden. Diese Beobachtung ist allerdings kein Indiz dafür, dass es in dieser Zeit nicht doch zu einem temporären oder manifesten Persönlichkeitswandel gekommen ist. Zu diesem haben vermutlich auch die jahrelange Einnahme von Schmerzmitteln (Zahnprobleme) und der Konsum von Drogen und Alkohol beigetragen.

War der König also geisteskrank? Heinz Häfner, emeritierter Professor für Psychiatrie an der Universität Heidelberg, fällt über Guddens Gutachten ein vernichtendes Urteil: «Unter Zugrundelegung des damaligen Wissensstandes und unter heutigen Gesichtspunkten der Beurteilung muss man das Gutachten vom 8. Juni 1886 in ethischer, fachlicher und wissenschaftlicher Hinsicht als unvertretbar bezeichnen.» Der Psychoanalytiker Wolfgang Schmidbauer moniert kritisch: «Das Gutachten stellt eine Auflistung nur negativer Aussagen unter Auslassung aller positiven Aussagen dar. Die Darstellung auch nur eines Restes von Gesundheit beim König sollte wohl aus politischen Gründen unterbleiben.» Auch der «Aktenschwund» nach den Vorgängen des Jahres 1886 ist kein sonderlich vertrauenerweckendes Indiz. Das Verschwinden wichtiger Unterlagen erschwert der Geschichtswissenschaft bis heute die Arbeit. Das kann auch nicht durch die Tatsache ausgeglichen werden, dass die in den öffentlichen Archiven (auch im so genannten Geheimen Hausarchiv als Teil des Bayerischen Hauptstaatsarchivs) verwahrten Quellen zu König Ludwig II. ernsthafter wissenschaftlicher Forschung im gleichen Umfang zur Verfügung stehen wie die sonstige archivische Überlieferung.

Eine im Jahr 2007 an der Klinik und Poliklinik für Psychiatrie und Psychotherapie der Technischen Universität München entstandene Studie (Hans Förstl u. a.) kommt zu folgender sorgfältig abwägender Bewertung: «Die Quellen des Geheimen Hausarchivs, welche auch dem Gutachten von Gudden und seinen Mitautoren zugrunde lagen und zur Absetzung Ludwigs II. führten, enthalten keine ausreichenden Anhaltspunkte für die Diagnose einer Schizophrenie nach heute gültigen Kriterien. Die dort erwähnten Symptome entsprechen jedoch den aktuellen Merkmalen einer schizotypen Störung. Daneben legt der Autopsie-Befund den Verdacht auf eine beginnende frontotemporale Degeneration nahe, die möglicherweise zu einer Verhaltensänderung während der letzten Lebensjahre beigetragen hat.»

Das letzte Wort über den Geisteszustand König Ludwigs II. am Ende seines Lebens ist sicher noch nicht gesprochen – wird es aber vielleicht auch niemals geben.

15. Entmachtung und Tod

Die letzten Jahre, die letzten Monate von Ludwigs Leben tragen den Charakter der Zwangsläufigkeit. Der Praxis des bayerischen Regierungssystems in der zweiten Hälfte des 19. Jahrhunderts entsprechend, wird die Staatskrise vom Ministerium gelöst – im Interesse der Stabilität von Staat und Gesellschaft, also aus Staatsräson, aber auf Kosten des monarchischen Prinzips und unter Beschädigung der konstitutionellen Monarchie. Es gibt eine Verbindungslinie von den Vorgängen um die Entmachtung König Ludwigs II. und dem Sturz der Monarchie im November 1918.

Die ausweglose Situation des Königs ist von ihm selbstverschuldet, aber wie ist diese Schuld angesichts seiner Krankheit zu gewichten? Hugo Graf von Lerchenfeld-Köfering (1843–1925), bayerischer Gesandter in Berlin, resümiert: «Dem Königsdrama, das am 13. Juni in Berg seinen Abschluss gefunden hat, fehlt die tragische Schuld. Ihre Stelle nimmt im Leben des unglücklichen Königs die Krankheit ein, die als Verhängnis in ihrer ganzen Unerbittlichkeit auf ihm gelastet hat. Sie ist es aber auch, die ein freisprechendes Verdikt über seine Irrungen fällt.»

Die Frage, ob die Einsetzung einer Regentschaft unvermeidlich gewesen ist, wird unterschiedlich beantwortet. Friedrich Prinz betont, dass auch ohne die finanziellen Probleme allein Ludwigs «politischer Absentismus» die ergriffenen Maßnahmen zwingend erforderlich machte. Andere verweisen auf nicht genützte politische Optionen wie den Rücktritt der Regierung, die Erörterung der Probleme im Landtag, wodurch sich eventuell alternative Handlungsmöglichkeiten ergeben hätten oder einen Thronverzicht wie im Falle von König Ludwig I. Im Unterschied zu den unverkennbaren Interessen der von Ludwigs Vertrauen getragenen Regierung am Erhalt der eigenen Macht, stehen bei dem alles in allem doch sehr zögerlichen Prinzen Luitpold von Bayern das Pflichtgefühl und die Verantwortung für die Monarchie deutlich im Vordergrund. So wird es jedenfalls vom größten Teil der Forschung gesehen. Auch das öffentlich werdende Privatleben des Königs (Homosexualität) und die damit in Verbindung stehende Gefährdung des Ansehens der Monarchie werden als Ursachen der Entmachtung genannt.

Die königlichen Bauten werden ebenso wie der persönliche Aufwand des Monarchen nicht aus dem regulären Etat des Königreichs Bayern, sondern aus der Hof- und Kabinettskasse finanziert, die sich in der Hauptsache aus regelmäßigen, aber durch die Festlegung im Staatshaushalt natürlich nach oben begrenzten Einnahmen speist. Bis 1876 sind es jährlich 2 350 580 Gulden, später 4 321 044 Mark. Aus dem König-Max-Fideikommiss kommen seit der zweiten Hälfte der 1870er Jahre 250 000 Gulden dazu. Auch die aus Preußen und dem Welfenfonds seit der Reichsgründung nach Bayern fließenden Zuwendungen, jährlich mindestens 300 000 Mark und 1884 zusätzlich eine Million, erweitern den finanziellen Spielraum des Herrschers nicht unerheblich. Dennoch verschärfen sich die seit 1877 auftretenden Liquiditätsprobleme zusehends, parallel zum Fortgang der Baumaßnahmen, so dass der Schuldenstand Anfang 1884 8,25 Millionen Mark beträgt. Eine von der Regierung (Finanzminister Riedel) vermittelte Bankanleihe (7,5 Millionen) bringt nur für eine sehr kurze Zeit Erleichterung. Im Sommer 1885 haben die Schulden schon wieder die Marke von 6 Millionen erreicht.

Vom Landtag, den jetzt sogar Bismarck als Retter vorschlägt, ist wegen der dezidiert antiparlamentarischen Position des Königs wenig zu erwarten. Dennoch bringt nun auch der König, Bismarcks Empfehlung folgend, das Parlament ins Gespräch (April 1886) und erteilt eine entsprechende Anweisung. Diese wird vom Ministerium zwar aufgegriffen, aber durch die Art der Umsetzung bewusst zum Scheitern gebracht. Lutz räumt später selbst ein, dass er durch seine Schilderung des Sachverhalts ein ablehnendes Votum der Vertrauensleute der Landtagsfraktionen provoziert habe. Das ist nichts anderes als «Befehlsverweigerung» und ein dem Wortlaut und dem Geist der Verfassungsurkunde von 1818 grob widersprechendes Verhalten.

Es geht zu diesem Zeitpunkt nämlich auch um die politische Existenz von Lutz und seinen Ministern, wodurch die Situation für Ludwig II. in höchstem Maße bedrohlich wird. Die personelle Zusammensetzung der Regierung gehört zu den wichtigsten Rechten des Königs. Und, aus welchen Gründen auch immer, ein politischer Kurswechsel hätte eine völlig neue personelle Regierungskonstellation zur Folge.

Bismarcks Rat, die Kammer der Abgeordneten und die Kammer der Reichsräte einzuschalten, wird auch aus der Befürchtung heraus erteilt, Aktivitäten der Agnaten (Blutsverwandte in männlicher Linie) des Hauses Wittelsbach könnten als Palastrevolution interpretiert werden. Es sei im Interesse des Prinzen Luitpold, «wenn der Anstoß zum Handeln aus der Mitte der Volksvertretung Seiner Königlichen Hoheit entgegengebracht wird. Ergreift der Prinz selbst die Initiative, so würde vielleicht ein gewisses Odium auf ihn fallen.» Ludwig II. spricht am Ende selbst mit Blick auf Luitpold von einem «Prinzrebell», der Prinzregent werden möchte. Andererseits äußert Bismarck über die Regierung die Vermutung, dass die Minister, «weil sie sich nicht mehr halten könnten, den König ‹schlachten› wollten.»

Am 2. Mai 1886 informiert Kabinettssekretär Alexander von Schneider den König über die Gespräche mit den Fraktionsvorsitzenden und deren Ergebnis. Eine finanzielle Rettung über die Kammer der Abgeordneten sei nicht möglich. Die weiteren Ausführungen zeigen, in welchem Umfang Lutz und die Regierung die eigenen Ansichten und Überlegungen dem König als Meinung des Parlaments übermitteln: «Sehr deutlich trat der Umstand hervor, dass es nicht nur wegen des Mangels der Garantien gegen eine Wiederkehr ähnlicher Verhältnisse der Kabinettskasse, wie sie gegenwärtig bestehen, sondern auch wegen der zunehmenden Missstimmung über das Allerhöchst Persönliche Gesamtverhalten Euerer Majestät die Geneigtheit, der Kabinettskasse zu Hilfe zu kommen, fehlte. (…)»

«Bei dem furchtbaren Ernste der Situation dürfte jetzt als der einzige mögliche Ausweg die alsbaldige Ergreifung folgender

Maßregeln erscheinen: Rückkehr Euerer Majestät in die Hauptstadt und Wiederanknüpfung des Allerhöchst Persönlichen mündlichen Verkehrs mit den Ministern, Beseitigung der Soldaten als Bedienung Euerer Majestät, dann aber insbesondere die alsbaldige wirksame Allerhöchste Verfügung von radikalen Einsparungen auch in solchen Dingen, welche Euerer Majestät Allerhöchste Person Selbst betreffen, wie Einstellung der Bauten auf unbestimmte Zeit hinaus, Zurücknahme der noch nicht in Ausführung begriffenen Bestellungen, energische Ersparungen im Stalle, Wegfall von Separatvorstellungen im Theater, wesentliche Beschränkung der Allerhöchsten Geschenke. (...) Der treugehorsamst Unterzeichnete würde nicht gewagt haben, Obiges alleruntertänigst vorzustellen, wenn nicht die allerdringendste Not bevorstünde. Er kann nur allerehrerbietigst flehentlich bitten, Euere Majestät möchten den demnächst einkommenden Ratschlägen des Gesamtministeriums Allergnädigstes Gehör zu schenken geruhen.»

Zornig oder abwägend – wir wissen es nicht – unterstreicht der König einige Worte in diesem Bericht, dessen Inhalt und Ton sein Majestätsgefühl im Kern treffen mussten: «Gesamtverhalten», «mündlicher Verkehr mit den Ministern», «Beseitigung der Soldaten», «Ersparungen im Stalle», «Wegfall von Separatvorstellungen im Theater». Die Forderung nach Einstellung der Bauarbeiten hat er in einem Schreiben vom 26. Januar an Innenminister Max Freiherrn von Feilitzsch kommentiert: «Seit der beklagenswerte Zustand der Kabinettskasse herbeigeführt wurde und die Stockung bei meinen Bauten, an welchen mir so unendlich viel gelegen ist, ist mir die Hauptlebensfreude genommen, alles andere ist gegen diese verschwindend.»

Die dienstlichen Geschäfte des Ministeriums mit dem Monarchen gehen auch in diesen Wochen routinemäßig weiter. Daneben sucht man in der Regierung einen Weg, den König für regierungsunfähig zu erklären und die Regentschaft eintreten zu lassen. Von Prinz Luitpold lässt sich Minister Lutz die Zusage geben, dass eine Regentschaft nach der Entmachtung des Königs keinen Regierungswechsel zur Folge haben wird. In drei Ministerratssitzungen am 7., 8. und 9. Juni 1886 wird auf Ein-

Abb. 22: König Ludwig II., letzte Aufnahme 1886.

ladung des Prinzen Luitpold von Bayern über die Entmündigung und die Regentschaftseinsetzung beraten. Begründet werden die ministeriellen Erörterungen mit einer zu vermutenden schweren geistigen Erkrankung des Königs und mit der Situation der Kabinettskasse, die ein Insolvenzverfahren, eine «Ganteröffnung» befürchten lässt. Am 9. Juni 1886 ist für den Ministerrat nach Verlesung des ärztlichen Gutachtens der Zeitpunkt für den verfassungsmäßigen Eintritt der Regentschaft des Prinzen Luitpold von Bayern gekommen. Die Ministerialkonferenz kommt zum Ergebnis, dass die in der Verfassungsurkunde genannten Voraussetzungen gegeben seien und stellt ohne förmlichen Beschluss die Regierungsunfähigkeit und die Entmündigung des Königs fest; Prinz Luitpold übernimmt die Regentschaft. Am 10. Juni folgt die öffentliche Proklamation.

Rechtliche Grundlage dieses Vorgangs sind die Bestimmungen der Verfassungsurkunde von 1818, deren zweiter Titel (Abschnitt) «Von dem Könige und der Thronfolge, dann der Reichs-Verwesung» handelt. § 11 legt fest: «Sollte der Monarch durch irgend eine Ursache, die in ihrer Wirkung länger als ein Jahr dauert, an der Ausübung der Regierung gehindert werden und für diesen Fall nicht selbst Vorsehung getroffen haben oder treffen können, so findet mit Zustimmung der Stände, welchen die Verhinderungs-Ursachen anzuzeigen sind, gleichfalls die für den Fall der Minderjährigkeit bestimmte gesetzliche Regentschaft statt.» Die Frage, wer dafür zuständig ist, im Falle einer eventuellen Regierungsunfähigkeit die Initiative zu ergreifen, beantwortet die Verfassung nicht. Zivilrechtlich ist es in der Zeit Ludwigs II. in erster Linie die Aufgabe der nächsten Verwandten, ein Entmündigungsverfahren auf den Weg zu bringen. Aber im Grunde kann es jedermann tun, im Falle eines Königs ist dabei nach der Familie und den Agnaten zunächst an die Regierung, das Gesamtministerium zu denken. Eine von Gerhard Immler durchgeführte eingehende Analyse der Protokolle der dreitägigen Ministerratsdiskussionen zeigt, dass es insbesondere Lutz und Gudden sind, die auf eine möglichst rasche Entmündigung drängen und Alternativen – etwa eine freiwillige Abdankung – ausschließen.

Was sich zwischen dem 9. und 12. Juni 1886 in Hohen-schwangau abspielt, erinnert an eine Bauerntheater-Inszenie-rung, eine volkstümliche Grotesk-Tragödie vor den Kulissen des weißen Schlosses. Aber das Schauspiel ist zugleich das ebenso reale wie tragische Ende eines königlichen Lebens. Nachdem am 9. Juni eine erste Regierungskommission mit Friedrich Freiherrn von Crailsheim, dem Minister des Äußern und des königlichen Hauses, am Widerstand von Gendarmen, Feuerwehr und königlichem Personal scheitert und vorüberge-hend sogar inhaftiert wird, berät sich Ludwig mit seinem Flü-geladjutanten und Vertrauten Alfred Graf Dürckheim-Mont-martin (1850–1912). Dieser schlägt dem König vor, sich so schnell wie möglich nach München zu begeben, um sich dort an seine Untertanen zu wenden. Diese Idee weist der König ebenso zurück wie den Vorschlag, nach Tirol zu fliehen. Ludwig fügt sich offensichtlich in sein Schicksal, von Selbstmordgedanken getrieben und von der Angst vor Mordanschlägen geplagt, aber ohne jede Kraft zum Widerstand. «Um meinetwegen soll kein Blut vergossen werden.»

Eine zweite «Fangkommission», eine Gruppe von Ärzten und Pflegern unter Leitung Bernhard von Guddens, bringt Ludwig in der Nacht vom 11. auf den 12. Juni von Neuschwanstein nach Schloss Berg. Einen Tag darauf, am Pfingstsonntag des Jahres 1886, sterben der noch nicht einundvierzigjährige König Ludwig II. und sein psychiatrischer Gutachter von Gudden ge-gen 19 Uhr im Starnberger See. Auch nach umfangreichen Un-tersuchungen, in deren Verlauf das gesamte Quellenmaterial ausgewertet wurde, bleiben die genauen Todesumstände unge-klärt. Aber es spricht viel dafür, dass der vorkonstitutionelle Monarch mit seinem hochgesteigerten Majestäts- und Herr-schergefühl seine aussichtslose, kränkende, entwürdigende und demütigende Lage erkannt hat und – innerlich tief verletzt – im Starnberger See in den Tod gegangen ist und dabei seinen Arzt mitgerissen hat. «Von der höchsten Stufe des Lebens hinabge-schleudert zu werden in ein Nichts – das ist ein verlorenes Le-ben; das ertrage ich nicht.» (11. Juni 1886)

Die Krone geht nach Ludwigs Tod zwar auf seinen Bruder

Otto über, aber da dieser aus gesundheitlichen Gründen regierungsunfähig ist, setzt Luitpold die am 10. Juni begonnene Regentschaft fort (Thronfolge- und Regentschaftspatent vom 14. Juni 1886). Dem stimmt der Landtag am 21. und 26. Juni zu, am 28. Juni folgt der in der Verfassung festgelegte Eid des Prinzregenten.

Die finanziellen Probleme der Kabinettskasse werden im Verlauf der folgenden Jahre zunächst durch eine weitere Anleihe, dann vor allem durch Einsparungen aus der Zivilliste, Ersparnisse von König Otto, Mobiliarverkäufe und Einnahmen aus den Urheberrechten einiger Werke von Richard Wagner gelöst. Ludwigs Schulden in Höhe von etwa 14 Millionen Mark sind ohne Zuhilfenahme des Staatshaushalts bis Ende 1901 restlos getilgt.

Nach der Überführung des toten Königs in der Nacht vom 14. auf den 15. Juni nach München und einer mehrstündigen Obduktion wird dieser in der Allerheiligen-Hofkirche aufgebahrt. Drei Tage lang nehmen die Untertanen in großer Zahl von einem König Abschied, der jetzt immer weniger kritisch, sondern zunehmend verklärt gesehen wird. Tausende säumen auch am Samstag, dem 19. Juni 1886, den vom Geläut aller Münchner Kirchen begleiteten Trauerzug von der Residenz zur Michaelskirche, wo der König in der Gruft seine letzte Ruhe finden soll. Ludwigs Herz wird, der Familientradition folgend, am 16. August in der Altöttinger Gnadenkapelle beigesetzt.

In der Pompe-funèbre-Inszenierung des letzten Weges am 19. Juni ist vor allem jenes Bayern präsent, als dessen unverstandener König sich Ludwig II. gefühlt und unter dem er die meiste Zeit seines Lebens gelitten hat. «Das Bayerische Vaterland» berichtet:

«(...) voran Militär aller Waffengattungen, dann die Schulen und Gymnasien mit ihren Lehrern, die klösterlichen Orden, königliche Dienerschaft und Hofbeamte der Stäbe, der Stadtklerus, das königliche Hofstift St. Kajetan, der Erzbischof und die Bischöfe von Bamberg, Regensburg, Würzburg, Eichstätt und Passau in weißer Mitra, der Erzbischof von München mit seinem Kapitel, fünfundzwanzig Gugelmänner, der königliche Kammerdiener mit den Leibärzten, Ordenssekretären etc., dann

Die Überführung der Leiche weiland König Ludwigs II. in die St. Michaels-Hofkirche am 19. Juni 1886.
Registered   Verlag von B. Köstler, München.   *Déposé*

Abb. 23: Der Trauerzug auf dem Weg zur St. Michaelskirche
am 19. Juni 1886 (Foto).

der von acht mit schwarzen Decken behangenen Pferden gezo-
gene prachtvolle, mit Blumen und Kränzen reich geschmückte
Leichenwagen und Sarg mit den Reichs- und Ordensinsignien,
rechts begleitet von den General- und Flügeladjutanten, links
von zwölf königlichen Kammerherren, während je ein Kom-
mandeur des St. Georgsordens die Zipfel des prachtvollen Bahr-
tuches hielt, alles umgeben von königlichen Edelknaben und
Hartschieren. Dem Wagen wurde ein schwarzbehangenes kö-
nigliches Leibpferd nachgeführt.»

«Nach dem vorangetragenen Kruzifix folgte das Leichenge-
leite: Prinz Luitpold in tiefgebeugter Haltung, hinter ihm die
Kronprinzen von Preußen und Österreich in Feldmarschalls
resp. der Uniform seines bayerischen Regiments, die Prinzen des
königlichen Hauses, der Großherzog von Baden, Prinz Georg
von Sachsen und die vielen anderen Fürstlichkeiten und Vertreter der Höfe, darunter Fürst Thurn und Taxis in der Tracht des
hohen Malteserordens. Daran reihten sich die Kronbeamten, die
Minister, die beiden Kammern, die standesherrlichen Familien,

die obersten Hofchargen, die Generalität, die Staatsräte und Gesandten, die Offiziere und Beamten, die Bürgermeister vieler
Städte, Deputationen von Veteranenvereinen, Feuerwehren, und
den Schluss bildeten Chevaulegers, Train und schwere Reiter.»

In einem geradezu biblischen Tonfall endet dieser Zeitungs-
bericht vom 22. Juni 1886 und markiert damit den Beginn einer
bis heute anhaltenden Mythologisierung des Königs. Der irdi-
sche Grenzgänger Ludwig II. erhält einen Doppelgänger, der
nicht von dieser Welt ist.

«Während der Sarg in die Kirche gebracht wurde und dort
die Zeremonien stattfanden und die Vigil gesungen wurde, sam-
melte sich schwarzes Gewölk über dem Stadtteil. Eben war der
letzte Wagen des Trauergeleites weggefahren und das Militär
abgerückt, da fuhr angesichts der hocherschreckten Menge auf
der Straße eine mächtige Feuergarbe, ein Blitz, herab auf die
St. Michaelskirche, dem ein entsetzlicher Donnerschlag folgte.
Der Blitz hatte nicht gezündet, nur einige Leute an die Mauer
der Kirche geschleudert. Das war das himmlische Finale zu dem
irdischen Trauerakte.»

16. Erinnerung, Verklärung, Kitsch und Kult

Ludwig II. ist der bekannteste Herrscher aus dem Haus Wittelsbach und der bekannteste deutsche König des 19. Jahrhunderts. Er ist Teil der historischen Erinnerung vieler Menschen, die mit Geschichte, der Vergangenheit Bayerns oder dem Haus Wittelsbach ansonsten wenig oder nichts anfangen können. Zugleich ist er nicht nur im kollektiven Gedächtnis, sondern auch im kollektiven Bewusstsein eine geradezu zeitlose Kultfigur, eine Ikone des 20. und 21. Jahrhunderts, verehrt, benützt, vereinnahmt aus den unterschiedlichsten Interessen.

Er ist «Märchenkönig», «King of Pop», «der einzige König des Jahrhunderts», der «König der Postmoderne» und der «Kitsch-König», er ist ein Superstar der Medien mit Millionen von Treffern bei Google und anderen weltweiten Internet-Suchmaschinen. Als «Ikone» wird er verglichen mit Michael Jackson oder Kurt Cobain, mit Lady Di oder Marilyn Monroe, James Dean oder John F. Kennedy. Das alles stärkt seine ökonomische Bedeutung, und die Summen, um die es beim «Geschäft mit dem König» geht, stellen die Schulden, die er selbst verursacht hat und die ihm zum Verhängnis wurden, weit in den Schatten. Wie für den Devotionalien- und Kitsch-Handel, so ist er auch für Tourismus und Medienproduktion ein Wirtschaftsfaktor erster Ordnung.

Seine Präsenz in praktisch allen Medien ist Voraussetzung und Folge der von seiner Person und seinem Leben ausgehenden Faszination. Die wissenschaftliche Beschäftigung mit Ludwig II., die eine 1986 erschienene Bibliografie mit rund 3000 Titeln nachweist, kann nur verlieren, wenn sie versucht, mit der Darstellung des «wirklichen Ludwig» die Bilder des Königs zu verdrängen, die in Filmen und Musicals, Comics und Mangas, Belletristik und Lyrik, in Liedern oder auf Postkarten, auch durch pseudowissenschaftliche Enthüllungen und «sensationelle

Tatsachenberichte» oder auf ungezählten Internetseiten von Fans und «Spezialisten» verbreitet werden. Die ernsthafte Forschung tut sich hier ebenso schwer wie die dunkel gekleideten geheimbündlerischen Guglmänner, die unter ihren spitzen Kapuzen der «Wahrheit» über den König zum Durchbruch verhelfen wollen.

Seit langem geht die Wissenschaft einen anderen Weg, indem sie Konstruktion und Rezeption des «Mythos Ludwig II.» als eigene Forschungsaufgabe ansieht und nach den Gründen fragt, die hinter den nachhaltigen und wirkungsmächtigen Vorstellungen und Bildern stehen, die aus dem konkreten Herrscher des Königreichs Bayern im letzten Drittel des 19. Jahrhunderts eine überzeitliche Kultfigur machen.

Es sind viele verschiedene Aspekte seines Lebens, Wirkens, Leidens und Sterbens, an denen die Mythologisierung ansetzt. An den Wänden bayerischer Wirtshäuser oder Wohnzimmer verkörpert der «schöne Ludwig II.» bayerische Identität, verlorene Eigenstaatlichkeit, trotziges Selbstbewusstsein gegen «die da oben», als deren Opfer der König gesehen wird. Nach einer Analyse von sechs bedeutenden Spielfilmen zwischen 1920 und 1995, in deren Mittelpunkt der bayerische König steht, kann Bernd Kiefer eine bemerkenswerte Entwicklung des Ludwig-Bildes zeigen: Vom Märchen- und Traumkönig im Kino der Weimarer Republik wird er in den 1950er Jahren zum politischen Märtyrer (Helmut Käutner), in den 1970er Jahren zum visionären Seher der deutschen Katastrophe und ersten Vertreter der Posthistorie (Hans Jürgen Syberberg) sowie zur zentralen Figur einer Götterdämmerung des europäischen Ästhetizismus (Luchino Visconti) und schließlich im Zeitalter der Postmoderne zum ersten Konstrukteur von Medienräumen der vollkommenen Illusion (Donatello und Fosco Dubini).

Auch in der Literatur, vom Symbolismus der Jahrhundertwende bis in die Kriminalromane unserer Tage, spielt der König vor den extravaganten Kulissen seiner Bauten und bei der Suche nach Antworten auf die offenen Fragen über sein Leben und Sterben höchst unterschiedliche Rollen. In den Schlössern mit ihrer weltweiten magnetischen Wirkung finden die Besucher

Projektionsflächen für Wünsche, Träume und Hoffnungen, in Ludwigs ästhetischer Kunstwelt Erlebnisse von Schönheit, Reinheit oder Originalität. Über 1,3 Millionen Menschen haben im Jahr 2008 das Schloss Neuschwanstein besucht, 70% davon aus dem nicht deutschsprachigen Ausland.

Auch als Mythos bleibt Ludwig II. ein solipsistischer Grenzgänger, der die Menschen, die sich auf ihn einlassen, in unterschiedliche Erlebniswelten mitnimmt. Vielleicht ist die Überschreitung von Grenzen auf der Suche nach Individualität und nach Glück das eigentliche Faszinosum dieses im wirklichen Leben oft so einsamen und unglücklichen Königs.

Zeittafel

Ein Itinerar (Aufenthaltsübersicht) König Ludwigs II. hat Franz Merta erarbeitet: Die Aufenthalte des Königs in den Residenzen, Schlössern und Berghäusern, in: Hans Rall / Michael Petzet / Franz Merta: König Ludwig II. Wirklichkeit und Rätsel, Regensburg ²2001, S. 153–192.

1842   Eheschließung von Kronprinz Maximilian von Bayern und Prinzessin Marie von Preußen (Ludwigs Eltern).

1845   25. August: Geburt Ludwigs in Schloss Nymphenburg; 15. November: Auf Anweisung seines Großvaters, König Ludwig I., trägt er den Titel «Erbprinz».

1848   20. März: Thronverzicht von König Ludwig I. von Bayern; Kronprinz Maximilian wird König von Bayern, Ludwig wird Kronprinz; 27. April: Ludwigs Bruder, Prinz Otto von Bayern, wird in Nymphenburg geboren.

1856   Ludwig beginnt mit dem gymnasialen Unterricht.

1861   2. Februar: Kronprinz Ludwig besucht eine Vorstellung der Oper «Lohengrin» von Richard Wagner im Hoftheater.

1862   Besuch erster Vorlesungen an der Münchner Universität.

1863   Bismarck begegnet dem Kronprinzen Ludwig (einzige persönliche Begegnung); Ludwig wird volljährig: Verfassungseid des Kronprinzen; Gründung der Fortschrittspartei in Bayern.

1864   10. März: König Maximilian II. stirbt in München; am gleichen Tag Proklamation Ludwigs zum König von Bayern; Ludwig holt Richard Wagner von Stuttgart nach München, erste Begegnung am 4. Mai; Juni/Juli: Reise nach Kissingen (Treffen mit dem österreichischen und dem russischen Kaiserpaar); Regierungsumbildung; 4. Dezember: Vorsitzender im Ministerrat wird Ludwig Freiherr von der Pfordten; 8. Dezember: Beginn der Gespräche des Königs mit Professor Johannes Huber (bis 20. April 1865).

1865   10. Juni: Uraufführung von «Tristan und Isolde»; 19. Oktober:
           Erste Reise Ludwigs in die Schweiz (Tell-Sage); November:
           Wagner besucht Ludwig in Hohenschwangau; 10. Dezember:
           Richard Wagner muss München verlassen.

1866   29. März: Preußen marschiert in Holstein ein, Kriegserklärung
           des Deutschen Bundes; 10. Mai: Ludwig II. erteilt Mobil-
           machungsbefehl für den 22. Juni; 22.–24. Mai: Reise Ludwigs
           zu Wagner nach Tribschen (Schweiz); 27. Mai: Ludwig eröffnet
           erstmals den Landtag; 15. Juni–26. Juli: Deutsch-Deutscher
           Krieg; 25. Juni: Ludwig besucht das Hauptquartier in Bamberg;
           3. Juli: Niederlage Österreichs bei Königgrätz; 22. August:
           Friedensvertrag und Schutz- und Trutzbündnis mit Preußen;
           November/Dezember: Ludwig reist nach Franken; 31. Dezember:
           Ludwig Freiherr von der Pfordten wird durch Chlodwig Fürst
           von Hohenlohe-Schillingsfürst ersetzt.

1867   2. Januar: Verlobung Ludwigs II. mit Herzogin Sophie in Bayern
           (10. Oktober: Lösung der Verlobung); Reisen des Königs zur
           Wartburg und nach Paris; Besuch der Weltausstellung; Ludwig
           begegnet Kaiser Napoleon III.; Scheitern der Südbund-Pläne und
           des liberalen Schulgesetzes; Neuerrichtung des Deutschen
           Zollvereins.

1868   29. Februar: Tod des Großvaters, König Ludwigs I. von Bayern;
           21. Juni: Uraufführung der «Meistersinger von Nürnberg» im
           Münchner Hoftheater; August: Reise mit Bruder Prinz Otto nach
           Kissingen, Begegnung mit dem russischen Zarenpaar; erste Pläne
           für ein neues Schloss in Hohenschwangau; neues Wehrgesetz
           tritt in Kraft (Reform der bayerischen Armee); Einführung der
           Gewerbefreiheit; Sieg der Patriotenpartei bei den Wahlen zum
           deutschen Zollparlament; Gesetz über Heimat, Aufenthalt und
           Verehelichung; Gründung der Polytechnischen Schule in Mün-
           chen (1877: Technische Hochschule), der Kunstgewerbeschule
           und der Musikhochschule.

1869   Baubeginn Schloss Linderhof; 5. September: Grundsteinlegung
           für das «Neue Schloss Hohenschwangau» (Neuschwanstein);
           22. September: Uraufführung von Wagners Oper «Rheingold»
           in München; Wintergarten über der Münchner Residenz; neue
           Gemeindeordnung; Zivilprozessordnung; Gesetz über öffentliche
           Armen- und Krankenpflege; Sieg der neu gegründeten Patrioten-
           partei (ab 1887: Zentrum) bei den Wahlen zur Kammer der
           Abgeordneten löst politische Unruhe aus; 20. Dezember: Johann
           von Lutz wird Kultusminister (bis 1890).

1870   7. März: Otto Graf von Bray-Steinburg wird neuer Vorsitzender
im Ministerrat; 26. Juni: Uraufführung von Wagners Oper
«Walküre»; 16. Juli: Ludwig II. erteilt den Mobilmachungsbefehl;
19. Juli: Beginn des Deutsch-Französischen Krieges (französische
Kriegserklärung); August: Münchner Konferenzen über
Zusammengehen der süddeutschen Staaten mit dem
Norddeutschen Bund; 25. August (Geburtstag Ludwigs II.):
Richard Wagner heiratet Cosima von Bülow; 1. September:
Schlacht bei Sedan; 23. November: Paraphierung der Versailler
Novemberverträge (Errichtung eines Deutschen Bundes bzw.
Deutschen Reichs); 30. November: Ludwig II. schreibt und
unterschreibt den «Kaiserbrief» an König Wilhelm I. von
Preußen.

1871   18. Januar: König Wilhelm I. von Preußen wird in Versailles zum
Deutschen Kaiser ausgerufen; an der Kaiserproklamation nimmt
Ludwig II. nicht teil; 21. Januar: Zustimmung der Abgeordnetenkammer des Bayerischen Landtags zu den Novemberverträgen;
16. April: Verfassung des Deutschen Reichs; 10. Mai: Friedens-
schluss in Frankreich: 16. Juli: Einzug der Truppen in München
mit Siegesparade; 21. August: Friedrich Adam Justus Graf von
Hegnenberg-Dux wird Vorsitzender im Ministerrat; November:
Beginn des Kulturkampfs.

1872   6. Mai: Erste Separatvorstellung vor Ludwig II.; 22. Mai: Grund-
steinlegung für das Festspielhaus in Bayreuth; 1. Oktober:
Finanzminister Adolph von Pfretzschner wird Vorsitzender im
Ministerrat (bis 1880).

1873   Der König erwirbt die Herreninsel im Chiemsee; Kulturkampf:
Schulsprengelverordnung des Kultusministers Lutz; Gründung
der Schuckertwerke in Nürnberg.

1874   Letzte Fronleichnamsprozession des Königs; August: Reise nach
Paris (Versailles); 12. Oktober: Ludwigs Mutter, die protestan-
tische Königin Marie, tritt zum katholischen Glauben über;
Anfang Oktober: Letzter Besuch eines Oktoberfests.

1875   Kulturkampf: Reichsgesetz über die Zivilehe, Einführung von
Standesämtern (1.1.1876); 27. Mai: Ludwigs kranker Bruder
Prinz Otto von Bayern wird in Schloss Schleißheim unter Auf-
sicht gestellt; 22. August: Ludwig nimmt zum letzten Mal an
einer Truppenparade teil; 24. August: Reise nach Reims («Die
Jungfrau von Orléans»); Freiherr von Franckenstein lehnt das
Angebot ab, leitender Minister zu werden.

1876   August: Das Festspielhaus in Bayreuth wird durch den König eröffnet, der zudem zwei Aufführungen von Richard Wagners «Der Ring des Nibelungen» besucht.

1877   Beginnende Probleme der Kabinettskasse; einheitliche Gerichts-verfassung im Deutschen Reich; höchstes Gericht wird das Reichsgericht in Leipzig, Bayern erhält ein Oberstes Landes-gericht (1879).

1878   Bauarbeiten für Schloss Linderhof im Wesentlichen abge-schlossen; erstes bayerisches Elektrizitätskraftwerk in Linder-hof; Grundsteinlegung Schloss Herrenchiemsee: der König fährt mit einem elektrisch beleuchteten Schlitten; Sozialistengesetz (Reichsgesetz wider die gemeingefährlichen Bestrebungen der Sozialdemokratie).

1879   In Herrenchiemsee wird mit dem Innenausbau begonnen; Errichtung des Bayerischen Verwaltungsgerichtshofs.

1880   Prinz Otto wird endgültig in Schloss Fürstenried interniert; Pfretzschner wird als Außenminister durch Krafft Graf von Crailsheim und als Vorsitzender im Ministerrat durch Kultus-minister Johann von Lutz ersetzt (bis 1890).

1881   Juni/Juli: Ludwig reist mit dem Schauspieler Josef Kainz in die Schweiz; Wahlrechtsreform: Einführung der geheimen Wahl; Karl Grillenberger erster bayerischer Sozialdemokrat im Reichstag.

1882   Uraufführung von Richard Wagners Oper «Parsifal» in Bayreuth; 26. November: Letzter Brief Ludwigs II. an Wagner.

1883   13. Februar: Richard Wagner stirbt in Venedig; Reichsgesetz zur Krankenversicherung der Arbeiter.

1884   16. Mai: Erwerb der Burgruine Falkenstein; 27. Mai – 8. Juni: Ludwig II. wohnt erstmals im neuen Schloss in Hohenschwangau («Neuschwanstein»); 1. Juni: Der Staatsminister der Finanzen, Riedel, vermittelt eine Bankanleihe für die Kabinettskasse; Separatvorstellung des «Parsifal» für den König in München; Reichsgesetz zur Unfallversicherung.

1885   Erneuter Schuldenanstieg (6 Millionen Mark); das Ministerium Lutz und Prinz Luitpold von Bayern als nächster erbberechtigter Agnat verhandeln über die finanziellen Probleme der Kabinetts-kasse; 12. Mai: Letzte (209.) Separatvorstellung.

1886   2. Juni: Ludwig bezieht Neuschwanstein; 8. Juni: Gutachten
des Psychiaters Prof. Bernhard von Gudden wird Grundlage für
die Entmündigung des Königs; 10. Juni: Die Regentschaft des
Prinzen Luitpold wird proklamiert; Ankunft der (ersten) Staats-
kommission in Neuschwanstein; 12. Juni: Ludwig wird von der
zweiten Kommission (Bernhard von Gudden) von Neuschwanstein nach Schloss Berg am Starnberger See gebracht; 13. Juni:
Tod des Königs und seines Arztes Bernhard von Gudden) im
Starnberger See; als Prinzregent regiert Luitpold auch an Stelle
des wegen Krankheit entmündigten Bruders Ludwigs II., König
Otto I. von Bayern; 19. Juni: Beisetzung König Ludwigs II.;
1. August: Öffnung der Schlösser für das allgemeine Publikum;
Beisetzung der Urne mit dem Herz König Ludwigs II. in der
Altöttinger Gnadenkapelle.

1916   Ludwigs Bruder, König Otto I., stirbt in Schloss Fürstenried.

1918   7./8. November: Proklamation des Freistaats Bayern durch Kurt
Eisner; Ende der Herrschaft des Hauses Wittelsbach (1180–
1918); der Sohn des Prinzregenten Luitpold, König Ludwig III.
(Prinzregent seit 1912, König seit 1913) verlässt Bayern und
entbindet am 13. November in Anif die Beamten, Offiziere und
Soldaten von ihrem Treueid.

Genealogische Übersicht

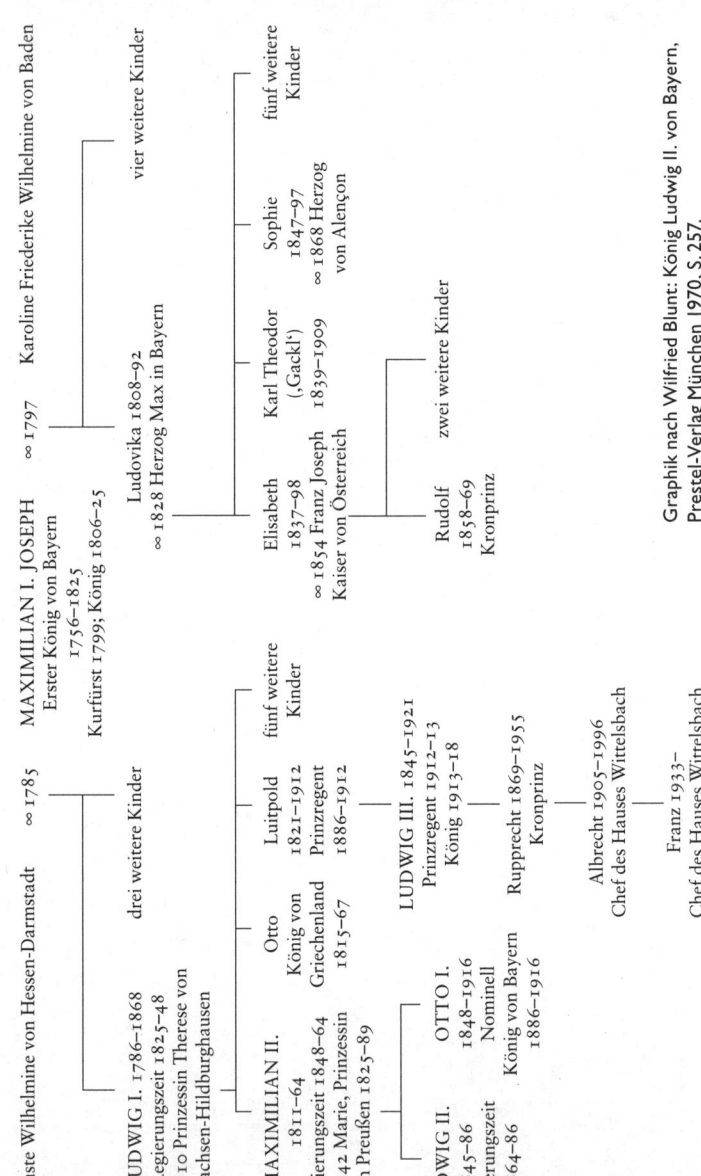

Auguste Wilhelmine von Hessen-Darmstadt ∞ 1785

MAXIMILIAN I. JOSEPH
Erster König von Bayern
1756–1825
Kurfürst 1799; König 1806–25

∞ 1797   Karoline Friederike Wilhelmine von Baden

vier weitere Kinder

LUDWIG I. 1786–1868
Regierungszeit 1825–48
∞ 1810 Prinzessin Therese von Sachsen-Hildburghausen

drei weitere Kinder

Ludovika 1808–92
∞ 1828 Herzog Max in Bayern

fünf weitere Kinder

MAXIMILIAN II.
1811–64
Regierungszeit 1848–64
∞ 1842 Marie, Prinzessin von Preußen 1825–89

Otto
König von Griechenland
1815–67

Luitpold
1821–1912
Prinzregent
1886–1912

fünf weitere Kinder

Elisabeth
1837–98
∞ 1854 Franz Joseph Kaiser von Österreich

Karl Theodor
(,Gackl')
1839–1909

Sophie
1847–97
∞ 1868 Herzog von Alençon

LUDWIG II.
1845–86
Regierungszeit
1864–86

OTTO I.
1848–1916
Nominell
König von Bayern
1886–1916

LUDWIG III. 1845–1921
Prinzregent 1912–13
König 1913–18

Rupprecht 1869–1955
Kronprinz

Albrecht 1905–1996
Chef des Hauses Wittelsbach

Franz 1933–
Chef des Hauses Wittelsbach

Rudolf
1858–69
Kronprinz

zwei weitere Kinder

Graphik nach Wilfried Blunt: König Ludwig II. von Bayern, Prestel-Verlag München 1970, S. 257.

Literatur, Hinweise und Dank

Die Veröffentlichungen zu König Ludwig II. von Bayern bis in die Mitte der 1980er Jahre sind verzeichnet in der ausgezeichneten Bibliographie: Eduard Hanslik / Jürgen Wagner: Ludwig II. König von Bayern (1845–1886). Internationale Bibliographie zu Leben und Wirkung, Frankfurt/Main 1986.

Einen hervorragenden Überblick über den aktuellen Forschungsstand, offene wissenschaftliche Fragen und die Veröffentlichungen seit 1986 ermöglichen Katalog und Aufsatzband zur Bayerischen Landesausstellung 2011: Götterdämmerung – König Ludwig II. von Bayern (im Druck).

Wichtige Veröffentlichungen (großenteils mit weiterführenden Literaturangaben) in Auswahl:

Dieter Albrecht: Ludwig II., in: Neue Deutsche Biographie Bd. 15, Berlin 1987, S. 374–379.

Dieter Albrecht: König Ludwig II. und Bismarck, in: Historische Zeitschrift 270 (2000), S. 39–64.

Georg Baumgartner: Königliche Träume. Ludwig II. und seine Bauten, München 1981.

Wilfried Blunt: König Ludwig II. von Bayern, München 1970.

Gottfried von Böhm: Ludwig II. König von Bayern. Sein Leben und seine Zeit, Berlin ²1924.

Christoph Botzenhart: «Ein Schattenkönig ohne Macht will ich nicht sein». Die Regierungstätigkeit König Ludwigs II. von Bayern (Schriftenreihe zur bayerischen Landesgeschichte Band 142), München 2004.

Karl Dürck: Johannes Huber und Ludwig II., in: Beilage zur Allgemeinen Zeitung 1906, Nr. 118 S. 337–340, Nr. 119 S. 345–347.

Hans Gerhard Evers: Ludwig II. von Bayern. Theaterfürst – König – Bauherr, München 1986.

Götterdämmerung. König Ludwig II. von Bayern. Katalog (Veröffentlichungen zur Bayerischen Geschichte 60), Augsburg 2011.

Gisela Haasen: Hohenschwangau. Vom Zauber eines romantischen Schlosses, München 1998.

Rupert Hacker (Hrsg.): Ludwig II. von Bayern in Augenzeugenberichten, München ³1966.

Rupert Hacker/M. Seitz/Hans Förstl: Ludwig II. von Bayern – schizotype Persönlichkeit und frontotemporale Degeneration?, in: Deutsche Medizinische Wochenschrift 132 (2007), S. 2096–2099.

Rupert Hacker: Ludwig II., der Kaiserbrief und die «Bismarck'schen Gelder», in: Zeitschrift für bayerische Landesgeschichte 65 (2002), S. 911–990.

Heinz Häfner: Ein König wird beseitigt. Ludwig II. von Bayern, München 2008.

Dirk Heißerer: Ludwig II. (rowohlts monographien 50 647), Reinbek bei Hamburg 2003.

Franz Herre: Ludwig II. von Bayern. Sein Leben – Sein Land – Seine Zeit, Stuttgart 1986.

Gerhard Hojer (Hrsg.): König Ludwig II.-Museum Herrenchiemsee. Katalog, München 1986.

Ludwig Hüttl: Ludwig II. König von Bayern. Eine Biographie, München 1986.

Hans-Michael Körner: Ludwig I. (1786–1868) und Ludwig II. (1845–1886). Anmerkungen zur bayerischen Geschichte im 19. Jahrhundert anlässlich des Gedenkjahres 1886, in: Schönere Heimat 75 (1986), S. 267–276.

Hans-Michael Körner: Geschichte des Königreichs Bayern, München 2006.

Hans-Michael Körner: Die Wittelsbacher. Vom Mittelalter bis zur Gegenwart (C.H. Beck Wissen Band 2458), München 2009.

Wilhelm Liebhart: Bayerns Könige. Königtum und Politik in Bayern, Frankfurt am Main ²1997.

Wilhelm Liebhart/Reinhard Heydenreuter/Eduard Hanslik: Ludwig II. zwischen Wirklichkeit und Verklärung. Ein Beitrag zum 100jährigen Todestag des Königs, Augsburg 1986.

Franz Merta: König Ludwig II. und der Mobilmachungsbefehl von 1870. Eine Richtigstellung irritierender Augenzeugenberichte, in: Zeitschrift für bayerische Landesgeschichte 48 (1985), S. 689–717.

Michael Petzet (Hrsg.): König Ludwig II. und die Kunst. Katalog der Ausstellung in der Münchner Residenz, München 1986.

Hans Rall/Michael Petzet/Franz Merta: König Ludwig II. Wirklichkeit und Rätsel, Regensburg ²2001.

Werner Richter: Ludwig II. König von Bayern, München ¹⁵2008.

Martha Schad (Hrsg.): Cosima Wagner und Ludwig II. von Bayern. Briefe. Eine erstaunliche Korrespondenz, Bergisch Gladbach 1996.

Martha Schad: Ludwig II (dtv porträt 31 033), München 2000.

Jean Louis Schlim: Ludwig II. – Traum und Technik, München ²2010.

Wolfgang Schmidbauer/Johannes Kemper: Ein ewiges Rätsel will ich bleiben mir und anderen – Wie krank war Ludwig II. wirklich?, München 1986.

Max Spindler: Handbuch der bayerischen Geschichte, Vierter Band: Das Neue Bayern. Von 1800 bis zur Gegenwart, hg. v. Alois Schmid 1. Teilband (Staat und Politik), München ²2003, 2. Teilband (Innere Entwicklung und kulturelles Leben), München ²2007; wichtig vor allem die Beiträge von Wilhelm Volkert (Die politische Entwicklung von 1848 bis zur Reichsgründung 1871), 1. Teilband S. 235–317 und von Dieter Albrecht (Von der Reichsgründung bis zum Ende des Ersten Weltkriegs 1871–1918), 1. Teilband S. 318–438.

Felix Sommer: Psychiatrie und Macht. Leben und Krankheit König Ludwig II. von Bayern im Spiegel prominenter Zeitzeugen (Europäische Hochschulschriften III/1062), Frankfurt am Main 2009.

Katharina Sykora (Hrsg.): «Ein Bild von einem Mann». Ludwig II. von Bayern. Konstruktion und Rezeption eines Mythos, Frankfurt/Main 2004.

Wilhelm Wöbking: Der Tod König Ludwigs II. von Bayern, Rosenheim 1986.

Peter Wolf/Margot Hamm/Evamaria Brockhoff (Hrsg.): Götterdämmerung. König Ludwig II. von Bayern. Aufsätze (Veröffentlichungen zur Bayerischen Geschichte und Kultur 59), Augsburg 2011.

Aus den folgenden Aufsätzen des Verfassers wurden Passagen übernommen:

Ludwig II. Das Leiden am Reich, in: Alois Schmid/Katharina Weigand (Hrsg.), Die Herrscher Bayerns. 25 historische Porträts von Tassilo III. bis Ludwig III., Verlag C.H.Beck, München 2001, S. 343–358.

Preussen. München und Berlin auf dem Weg nach Deutschland, in: Alois Schmid/Katharina Weigand (Hrsg.), Bayern mitten in Europa. Vom Frühmittelalter bis ins 20. Jahrhundert, Verlag C.H.Beck, München 2005, S. 303–319.

Eine Edition der Gespräche Johannes Hubers mit Ludwig II. von 1864/1865 befindet sich in Vorbereitung (Hrsg.: Hans-Michael Körner, Hermann Rumschöttel und Claudius Stein).

Dank

Für die freundliche Erlaubnis, die im Bayerischen Hauptstaatsarchiv/Abt. III – Geheimes Hausarchiv verwahrten Archivalien benützen zu dürfen, danke ich S.K.H. Herzog Franz von Bayern. Dem Leiter des Geheimen Hausarchivs und stv. Direktor des Bayerischen Hauptstaatsarchivs Dr. Gerhard Immler bin ich für viele Hinweise und anregende Gespräche dankbar.

Bei den Zitaten wird die heutige Rechtschreibung verwendet, wenn damit keine Sinnveränderung verbunden ist.

Bildnachweis

Abb. 1, 2, 8, 10, 11, 12, 13, 15, 16, 18, 19, 21 aus Friedrich Lampert:
Ludwig II. König von Bayern. Ein Lebens-Bild, München 1890.
Abb. 3: Privatbesitz.
Abb. 4: Bayerisches Hauptstaatsarchiv Abt. III, Geheimes Hausarchiv (GHA),
Wittelsbacher Bildersammlung Ludwig II., W.B., König Ludwig II. 63/82c.
Abb. 5: Wittelsbacher Ausgleichsfonds (WAF), Inv.-Nr. B II 241.
Abb. 6: GHA, W.B., König Ludwig II., 6/6.
Abb. 7: GHA, W.B., König Ludwig II., 10/10.
Abb. 9: Bayerische Verwaltung der Staatlichen Schlösser, Gärten und Seen, Inv.-Nr.
L. II.-Mus. 901.
Abb. 14: GHA, W.B., König Ludwig II., 61/80c.
Abb. 17: GHA, W.B., König Ludwig II., 38/46a.
Abb. 20: GHA, W.B., König Ludwig II., 27/30.
Abb. 22: GHA, W.B., König Ludwig II., 87/111e.
Abb. 23: GHA, W.B., König Ludwig II., 39/47a.

Namenregister

Albert, Joseph (1825–1886),
  Kunstdrucker, Hoffotograf 6, 16, 60
Albrecht, Dieter 75
Basselet de La Rosée (1801–1864),
  Generalmajor, Prinzenerzieher 21
Beust, Friedrich Ferdinand Graf von
  (1809–1886), sächsischer
  Außenminister 81
Bianchi, Angelo (1817–1897),
  Päpstlicher Nuntius 79
Bismarck, Fürst Otto von (1815–1898),
  Reichskanzler 11, 32, 36, 45, 48,
  51 f., 56–59, 61 ff., 66–71, 74 ff.,
  105 f., 117
Böhm, Gottfried von 89
Bosl, Karl 36
Botzenhart, Christof 38, 40, 78
Bray-Steinburg, Otto Graf von
  (1807–1899), Ministerrats-
  vorsitzender 59, 61 f., 75, 119
Bülow, Cosima von (1837–1930),
  Ehefrau von Richard Wagner 84, 98,
  119
Bülow, Hans Freiherr von (1830–1894),
  Dirigent 81, 84
Bulyowsky, Lila von (1833–1909),
  Schauspielerin 98
Caroline Friederike von Baden
  (1776–1841), 2. Gemahlin von König
  Maximilian I. Joseph 50
Cobain, Kurt 114
Crailsheim, Friedrich Krafft Freiherr von
  (1841–1926), Ministerratsvorsitzender
  110, 120
Dahn, Felix (1834–1912), Schriftsteller,
  Jurist 54
Dahn-Hausmann, Marie (1830–1909),
  Schauspielerin 98
Dean, James (1931–1955),
  amerikanischer Filmschauspieler 114
Diana (1961–1981), Princess of Wales
  (Lady Di) 114

Dingelstedt, Franz Freiherr von
  (1814–1881), Hoftheaterintendant
  81
Dollmann, Georg von (1830–1895),
  Baumeister 92, 94
Dubini, Donatello 115
Dubini, Fosco 115
Düfflipp, Lorenz von (1820–1886),
  Hofsekretär 42
Dürckheim-Montmartin, Alfred Graf
  (1850–1912), Flügeladjutant 110
Effner, Karl von, Architekt 92
Eisenhart, August von (1826–1905),
  Kabinettssekretär 39, 94
Eisner, Kurt (1867–1919),
  Ministerpräsident 121
Elisabeth (1837–1897), Kaiserin von
  Österreich 92, 98
Elisabeth von Bayern (1801–1873),
  Gemahlin König Friedrich Wil-
  helms IV. von Preußen 50
Feilitzsch, Max Freiherr von
  (1834–1913), Innenminister 73, 107
Feuerbach, Ludwig (1804–1872),
  Philosoph 16 f.
Förstl, Hans, Psychiater 103
Franckenstein, Georg Arbogast Freiherr
  von und zu (1825–1890), Politiker
  76, 120
Friedrich III. (1831–1888), Kaiser 71
Friedrich Wilhelm IV. (1795–1861),
  König von Preußen 50, 96
Friedrich Wilhelm Karl von Preußen
  (1828–1885), Generalfeldmarschall
  50
Gasser, Rudolf Freiherr von
  (1829–1904), bayerischer Gesandter
  in Stuttgart 76
Gasser, Therese Freifrau von 61
Gietl, Franz (1803–1888), Leibarzt
  24
Grashey, Hubert, Psychiater 101

Grillenberger, Karl (1848–1897),
  Abgeordneter 120
Gudden, Bernhard von (1824–1886),
  Psychiater 100–103, 109, 121
Hacker, Rupert 63
Häfner, Heinz, Psychiater 85, 102
Hagen, Friedrich Wilhelm,
  Psychiater 101
Haneberg, Daniel (1816–1876), Abt,
  Beichtvater 21
Hecht, Wilhelm (1843–1920),
  Holzschneider, Radierer 35
Hegnenberg-Dux, Friedrich Graf von
  (1810–1872), Ministerratsvorsitzender
  75 f., 119
Hofmann, Julius (1840–1896),
  Baumeister 94
Hohenlohe-Schillingsfürst, Chlodwig
  Fürst zu (1819–1901), Ministerrats-
  vorsitzender, später Reichskanzler
  46 f., 56 ff., 75, 118
Holnstein, Max Graf von (1835–1895),
  Oberststallmeister 62 f.
Hornig, Richard, Stallmeister 40, 43
Huber, Johannes (1830–1879),
  Philosoph, Theologe 14–17, 19,
  47 ff., 71, 79, 117
Hubrich, Max, Psychiater 101
Immler, Gerhard 109
Jackson, Michael, amerikanischer
  Popstar 114
Kainz, Joseph (1858–1910),
  Schauspieler 97, 120
Karl Albrecht (1697–1745), Kurfürst
  von Bayern = Albrecht VII., Kaiser
  (1742–1745) 46
Karl, Prinz von Bayern (1795–1875),
  Feldmarschall 51
Käutner, Helmut (1908–1980),
  Regisseur 115
Kennedy, John F. (1917–1963),
  Präsident der USA 114
Kiefer, Bernd 115
Kobell, Luise von (1828–1901) 94
Körner, Hans-Michael 12, 38
Kraus, Andreas 36, 49
Lachner, Franz (1803–1890),
  Kapellmeister, Komponist 81
Lassalle, Ferdinand von (1825–1864),
  Publizist 47

Lerchenfeld-Köfering, Hugo Graf von
  (1843–1925), bayerischer Gesandter
  in Berlin 104
Levi, Hermann (1839–1900),
  Dirigent 84
Löher, Franz von (1818–1892), Jurist,
  Archivdirektor 42
Ludovika (1808–1892), Prinzessin in
  Bayern, Gemahlin von Herzog
  Maximilian in Bayern 97
Ludwig I. (1786–1868), König von
  Bayern 8, 10, 12, 20 f., 24, 26, 36,
  49 f., 67, 104, 117 f.
Ludwig III. (1845–1921), König von
  Bayern 33, 121
Ludwig XIV. (1638–1715), König von
  Frankreich 33, 92
Ludwig XV. (1710–1774), König von
  Frankreich 92
Luitpold (1821–1912), Prinzregent von
  Bayern 28, 62, 102, 105 ff., 109,
  111 f., 121
Lutz, Eduard von (1810–1893),
  Kriegsminister 37
Lutz, Johann von (1826–1890),
  Ministerratsvorsitzender 39, 61, 75,
  78 f., 100, 105 ff., 109, 119 ff.
Maria Alexandrowna (1824–1880),
  Zarin von Russland 98
Marie von Preußen (1825–1889),
  Gemahlin König Maximilians II. von
  Bayern 9, 16, 50, 117, 119
Maximilian (1808–1888), Herzog in
  Bayern 81, 97
Maximilian I. Joseph (1756–1825),
  König von Bayern 7 f., 50, 97
Maximilian II. (1811–1864), König von
  Bayern 9 f., 15, 20 f., 24, 43, 45,
  50 f., 67, 81, 117
Meilhaus, Sibylle (1816–1881),
  Erzieherin 21, 26, 81
Merta, Franz 43
Monroe, Marilyn (1926–1962),
  amerikanische Filmschauspielerin
  114
Montez, Lola (1818–1861), Tänzerin 83
Montgelas, Maximilian Joseph Graf von
  (1759–1838), Minister 8, 31, 64 f., 66
Napoleon I. Bonaparte (1769–1821),
  Kaiser der Franzosen 7

Napoleon III.(1808–1873), Kaiser von
    Frankreich 118
Orff, Anton (1828–1879), Hauptmann,
    Prinzenerzieher 21
Otto I. (1815–1867), König von
    Griechenland 26
Otto I. (1848–1916), König von Bayern
    (nominell) 9, 25 f., 62, 64, 96 f., 111,
    117–121
Petzet, Michael 88
Pfistermeister, Franz Seraph Ritter von
    (1820–1912), Kabinettssekretär
    14–17, 34, 39
Pfordten, Ludwig Freiherr von der
    (1811–1880), Ministerratsvorsitzender
    51 f., 56, 75, 117 f.
Pfretzschner, Adolf Freiherr von
    (1820–1902), Ministerratsvorsitzender
    38, 75, 119 f.
Piloty, Ferdinand d. J. (1828–1895),
    Maler 41
Pius IX., Papst (1846–1878) 77, 79
Pranckh, Sigmund Freiherr von
    (1821–1888), Kriegsminister 53 f.,
    61
Prinz, Friedrich 12, 104
Reindl, Georg Karl von, Domdechant,
    Religionslehrer 21
Riedel, Emil von (1832–1906),
    Finanzminister 105, 120
Rietschel, Ernst Wilhelm (1824–1860),
    Porträtmaler 23
Schad, Martha 98
Schlim, Jean Louis 89

Schmidbauer, Wolfgang,
    Psychoanalytiker 102
Schneider, Alexander von (1845–1909),
    Kabinettssekretär 34, 106
Schreiber, Friedrich (gest. 1912),
    Schweizer Jurist, Hotelier 44, 47, 48,
    73
Schuckert, Johann Sigmund
    (1846–1895), Industrieller 89
Schultze, Marie, Freundin von Königin
    Marie von Bayern 26
Schwanthaler, Ludwig von
    (1802–1848), Hofbildhauer 24
Semper, Gottfried (1803–1879),
    Baumeister 81, 84
Sigl, Johann Baptist (1839–1902),
    Publizist 42
Sophie Charlotte (1847–1897),
    Herzogin in Bayern 97 ff., 118
Syberberg, Hans Jürgen, Regisseur 115
Visconti, Luchino (1906–1976),
    italienischer Regisseur 115
Wagner, Richard (1813–1883),
    Komponist 12, 14, 16 f., 21, 24, 38 f.,
    71, 80–85, 87, 90, 98, 111, 117–120
Werthern, Georg Freiherr von
    (1816–1895), preußischer Gesandter
    in München 32, 62 f.
Wilhelm I. (1797–1888), Kaiser 62, 73,
    119
Wulffen, Emil Freiherr von
    (1828–1876), Prinzenerzieher 21
Ziegler, Friedrich von (1839–1907),
    Kabinettssekretär 39, 76

C.H.BECK ☒ WISSEN

in der Beck'schen Reihe